マイナビ新書

勝てる「資料」を
スピーディーに作る
たった1つの原則

喜多あおい

マイナビ新書

- ◆本文中には、™、©、® などのマークは明記しておりません。
- ◆本書に掲載されている会社名、製品名は、各社の登録商標または商標です。
- ◆本書によって生じたいかなる損害につきましても、著者ならびに (株) マイナビは責任を負いかねますので、あらかじめご了承ください。

はじめに　勝てる資料をスピーディーに作る！

「喜多さんの資料からは企画が見える」

以前、ある放送作家の方からいただいたその一言がとても心に残っています。私はテレビ番組リサーチャーという仕事をしていて、番組作りのためのリサーチを行っています。調べた情報は資料にまとめ、実際に現場で番組を作るクリエーターにプレゼンするわけですが、そのときに前述の「喜多さんの資料からは企画が見える」という言葉をいただいたのです。

企画の見える資料とは、情報の取捨選択と並び方が配慮された資料だと言えるでしょう。私はそれを資料作りでなにより大切にしています。テレビの例で言えばこれで番組1本を作れると確信させる資料となりますが、これはテレビ業界だけでなく、

どんな業界の資料にも同様のことが言えるのではないでしょうか？

あなたの資料は、求められている情報、必要な情報が適切な順番に並べられていますか？

その最初の1ページ目はちゃんと意味があってそこに置かれていますか？

その資料は仕事を前進させていますか？

その資料は勝つ資料ですか？

テレビ番組リサーチャー。

あまり聞き慣れない職業かと思いますので、ここでざっとテレビ番組リサーチャーの仕事について簡単に説明しましょう。

私たちリサーチャーは、テレビ番組に必要なさまざまな情報を収集し、提供しています。情報バラエティ、クイズ番組、ドラマまで、現在のテレビ業界で番組作りには欠かせない存在となっています。

テレビ番組リサーチャーは、情報をさまざまなソースから幅広く網羅的に収集し、

それを迅速に分類、吟味し最終的にレポートにまとめ、それを企画会議の場でクライアントである番組制作者（プロデューサー）や演出家（ディレクター）らにプレゼンテーションを行います。

つまり、リサーチャーといっても情報収集だけをしていればいいのではなく、集めた情報をどのような資料にまとめ、どのような形でクライアントに届けるのかということも大切なスキルの一部となっています。せっかくの面白い情報も届け方を誤ってしまうと、面白さは伝わらず、採用されません。私たちリサーチャーにとっては、番組に採用されることが「勝つ」ことです。とてもわかりやすく白黒ついてしまいます。

ですから私は、長年「勝つ」資料作りについて研究し、具現化する技を日々磨いてきました。みなさんもまた、さまざまなビジネスの場面で資料によって「勝つ」ことが求められていることと思います。

エンタメ業界のやり方は一般企業と違うだろうと思う人もいるかもしれません。しかし、いつまでも隣の席の人と同じやり方でいいと思いますか？　もっとわかりやすく、もっと面白く、もっとスピーディーに、を求められるエンタメ業界で磨いてきた

資料作りの極意は、どの業界の、どんな仕事でも活かせます。

スピーディーに勝つ資料を作成することは本書の大きなテーマです。

仕事には、締切がつきものです。この締切がスピーディーに資料を作成するためにとても重要だと私は考えています。テレビ業界はいつもあわただしく、私もいつも時間に追われ、締切に追われ、それと格闘する毎日を送っています。ですからスピーディーに資料を作るということは、常に重要課題です。

資料は、なぜ素早く作成しなければならないのでしょうか。それは言うまでもなくみなさん実感されていると思いますが、時間が有限だからです。

時間をかけ、丁寧に作るのがいいと思う人もいるかもしれません。ですが、遅くまで職場に残って資料の不足分を調べたり、何度も書き直したりしても、それでその資料が面白くなっているかというと、かけた時間ほど面白くなっていないということはよくあることです。

きちんと正しい鉄則に基づいて戦略を立てて進めれば、書き直しが発生するムダは

なくなります。資料に必要な情報をすべて掴まないまま作成をはじめたり、きちんと完成形のイメージを持たないまま書き始めるなんて時間の浪費です。

資料は、決められた時間の中で完成させる。もっと言えば、これにはこれだけの時間しかかけないと決めることが大事です。勝つ資料をスピーディーに完成させる。これが目指すべき大前提です。

どうしてもクライアントや上司に言い渡された締切に従って仕事のスケジュールを立てがちですが、スピーディーな作成を意識するならば、それを踏まえて自分で締切を設定するようにしましょう。もし具体的なスケジュールが決まっていない仕事の場合でも、自発的に締切を設定するといいでしょう。締切を作ると、次のことをする時間を作り出すことができるからです。

できた時間は、次の仕事に使ってもいいでしょう。また趣味に没頭したり、人と会ったり、本を読んだり映画を観たりして使ってもいいでしょう。そういう蓄積がまた次の資料作成に活かされるはずです。

本書では、すぐに使える時短テクニックはもちろん、ムダな時間を使わないで最短最速で資料を作るとき、ぜひ押さえていたい鉄則をお伝えしていきます。

難しいことは極力排除し、「誰でもすぐに」にこだわりました。

いつも時間に追われながらも、テレビの世界で勝ち続けるべくスキルを磨いてきたリサーチャーの仕事から、ビジネスで活用できる資料作成に特化して抽出しました。

「なんとなく」毎回苦労して作ってきたあなたの資料を「勝てる資料」にしていきましょう！

勝てる「資料」をスピーディーに作る
たった1つの原則

目次

はじめに 3

第1章　勝てる資料をスピーディーに作る
たった1つの原則と9カ条の戦略

勝てる「資料」をスピーディーに作るたった1つの原則
「読まずに見せる資料」を作れ！

第1条　「勝つ資料」で闘え！ 23
第2条　説得して、納得させるのが「勝つ資料」 25
第3条　初手はクライアントのニーズ確認 28
第4条　網羅した情報が資料のベースになる 30
第5条　情報の取捨選択は分類して判断 32
第6条　「フィット」＆「パワー」で構成順を決める 34

第7条　自分の言いたいことから言ってはいけない 36

第8条　情報の罠に注意せよ！　イマドキのコンプライアンス心得 38

第9条　固有名詞と数字で勝負せよ！ 40

第2章　資料の勝敗を分けるテクニック

勝つレイアウトには余白の美がある 44

一読ではなく一見 46

一瞬で読み手を魅了するキャッチコピー　具体的に語れ 50

感嘆符「！」の功罪　熟語の破壊力 52

進化する資料

デジタルビジュアライゼーション／インフォグラフィック 54

第3章 ハイスピード資料変身テクニック 〜「読んでもらう」から「見せる」へ

最初から満点でなくてもOK 資料は「変身」する! 60

① 写真のチカラ 62
② 表紙のチカラ 66
③ 目疲れ 70
④ 罫線のチカラ 74
⑤ デコボコのチカラ 78
⑥ ポイントのチカラ 82
⑦ サブタイトルのチカラ 86
⑧ フォントのチカラ 90
⑨ 余白のチカラ 96
⑩ 結論から先に 100

⑪ 約物のチカラ 104

⑫ 熟成のチカラ 108

⑬ 行間のチカラ 112

⑭ シンプルのチカラ 116

⑮ グラフのチカラ 120

⑯ 真似するチカラ 124

⑰ テンプレートのチカラ 128

⑱ センス速成 雑誌のシャワー 132

⑲ 目的別資料作成のコツ 138

⑳ 最速の奥の手 142

第4章　さらなる情報の達人へ

まずアホになってみる 148
まず最初に「公式」情報にあたる 150
5つのソース
基本ソース1　書籍 152
基本ソース2　書籍 154
書籍2　リサーチャーの速読法なら1日10冊読める 156
基本ソース2　新聞 159
新聞2　新聞は紙かインターネットか 162
基本ソース3　雑誌 164
雑誌2　大宅壮一文庫とdマガジン 166
基本ソース4　インターネット 168
インターネット2　ブラウザは2つ開く 170
基本ソース5　人間 172

人間2　質問の質が成果を左右　174

人間3　アンケート、座談会、インタビューのコツ　176

質問想定力を磨きツッコミに備えよ　180

面白いレポートには明確な5W1Hがある　182

おわりに　185

巻末資料　189

第1章

勝てる資料をスピーディーに作る たった1つの原則と9カ条の戦略

●勝てる「資料」をスピーディーに作るたった1つの原則
「読まずに見せる資料」を作れ!

『勝てる「資料」をスピーディーに作るたった1つの原則』という本書のタイトル、「長い!」と思われた方、多いと思います。

ところで、「土曜ワイド劇場」という番組をご存知でしょうか? その昔、私たちテレビマンには視聴率をアップさせる方程式がありました。そのうちの1つがタイトルに「温泉」「ラーメン」「京都」など視聴者の大好きなものをあれこれ入れておけば、番組を見てもらえるというものです。一見、乱暴な方法に見えるかもしれませんが、2時間ドラマの世界では大成功をおさめました。

やはり人間は、欲求するものに正直に反応してしまうのです。好きなものの要素が垣間見えると気持ちが惹かれるのです。

ですから、今回のこの本について、私もどうしてもみなさんに訴えかけたいことを、

欲張って全部並べてみたのです。

・勝てる
・スピーディー
・たった1つ

しかし、ここに1つ仕掛けがあります。「勝てる」も、「スピーディー」も、「たった1つ」も一種の形容です。具体的にどういう資料を作ればいいのか、みなさんの知りたい、肝心のその方法についてはタイトル内に一切書いていません。

資料作りにおけるたった1つの原則、それは一見しただけで中身が魅力的に感じられる「見せる資料」を作ること。一見しただけで思わず読んでみたいという気持ちにさせる資料を作ること。これに尽きます。がんばって読まれなければ理解されない「読ませる資料」では勝つことはおぼつかないのです。

なぜ私がこれほど「見せる資料」にこだわるのか。
そこが「勝つ」に直結するポイントだと思うのか。
それは、ある番組のディレクターから投げかけられた衝撃的な一言があるからです。

「レジュメなんか読まないからさ」

レジュメとは、テレビの世界でリサーチャーが提出する資料のこと。レジュメが読まれていないということは、うすうす気がついていたことですが、作っている私が面と向かって言われるとはさすがに驚きました。でも実際にそうなのです。レジュメは「読まれ」ずに「見られて」いるものなのです。
ここで誤解しないでいただきたいのですが、「見られる資料」というのは、写真や図やイラストをたくさん使った、文章の少ない画だらけの資料を作ればいいということではありません。先ほどのディレクターも「読んでいない」とは言っても「見てもいない」とは言っていません。文章を読む前にざっと目を走らせながら、直感的な理解を図って

いるのです。

直感的な理解には、イラストや写真だけでなく魅力的なキーワードや文章も大変有効です。つまり「見せる資料」とは、理屈抜きで心に訴えかける「なにかがある」資料のことなのです。

ここまで聞くと「見せる資料」作りというのは大変そうだ、面倒そうだと、急に怖気づいてしまう人もいるかもしれません。でも大丈夫です。

ほんのちょっとしたテクニックでみなさんの「読んでもらう資料」は瞬時に「見せる資料」に変身します。

具体的に「見せる資料」とはどんな資料でしょう。たとえば文章の配置。文字が隙間なくぎっしり、見出しも最小限では、読んでみたいという気持ちをくすぐりません。面白さを伝える見出しを大きく目立つフォントでつける必要があります。それがまずあって、目を引く図版、画像を載せるなど適切な視覚効果をあげる表現を検討しなくてはなりません。

でもただ派手にすればいいのかというとそうではありません。ネットの世界では「釣り」などと言いますが、内容が伴っていなければ、実際に相手が読んだときに逆効果なので要注意です。

見た目で興味をひきつける資料の作り方の具体的な方法は第4章で説明していきますが、まず〝資料は無条件に読まれるもの〟という前提はありえないことを肝に銘じておきましょう。

さて、これまで勝てる「資料」をスピーディに作るたった1つの原則とは、つまり「見せる資料」である、ということを述べてきました。

ここからは、その原則を具現化させるための「9カ条の戦略」について説明していきましょう。

健康番組の冒頭でよく「〇〇ガンになる人、●人に1人」という表現をしているのを見たことがあると思います。視聴者に「わっ、ガンの話ひとごとじゃない」と感じさせることで番組へ興味を向かわせている部分がこの「ドキッと」に当たります。

次に例を示して、詳しく伝えたい内容を表現していきます。データや実例などを示して説得力を持たせます。健康番組の例でいえば「〇〇ガンの患者数は年々増えている」というデータなどです。

そして最後に謎を解きます。人間は謎を解かれると、納得するという生理を利用するのです。冒頭の「脅かし」で相手の心に生まれた不安や疑問を解決していきます。つまり「ガンになるかもしれない」という不安に対して、「でも大丈夫、研究が進んでこんな最先端の治療方法があるんです」という展開です。ただし、気をつけないといけないのは、例を示すことと謎解きを混在させると押し売りになってしまうので、明確に切り離して示すことです。

● 第2条　説得して、納得させるのが「勝つ資料」

資料で勝つ、それはつまり、資料によって相手が説得され、納得する状態です。説得し納得させる資料には、一定の構成が存在しています。必要な要素は、以下の3つ。

1. ドキッとさせる
2. 例を示す
3. 謎を解く

「ドキッとさせる」は「脅かす」とも言い換えられます。脅かすというのは、言葉が悪いですが資料に対するモチベーションを激しく喚起するということです。相手は「なぜこれを読まされるのか」と思っています。だから冒頭で「そうか、この内容について考える必要があるのか」と感じさせることが必要です。

をしないと「ネタ1つも会議に持っていけてないよね」、「ネタ通っていないよね」、「持っていっても、ネタ通っていないよね」、「1カ月、1本も放送されていない。給料泥棒だよね」とはっきりプロデューサーから言われるのです。ネタが通らない、つまり資料がプロデューサーの心に届いてないということです。会議に持っていけるネタがない、持っていっても通らない、オンエアを見ても自分のネタがないといたたまれない思いをしました。

このとき味わった緊張感、焦燥感、そして自分の資料が認められなかったときの悔しさが今の私を作っています。だから断言できるのです、勝てない資料には価値がない。目を通してもらえない資料、興味を持たれない資料、相手の心になんの爪あとも残さない資料では、勝つことはできません。

資料作りの戦略第1条は、勝てる資料を作るという明確な意識を持つこと。この意識を持つことで資料の質は必ず変わります。

● 第1条 「勝つ資料」で闘え！

私たちが日々行っている仕事の中で「資料」にかかわることは、思いのほか大きなウェートを占めています。それなのにただ漠然と、なんとなく資料とかかわっていないでしょうか。その1枚のシートが大きな決断を促したり、大きなお金を動かしたり、所属先やあなた自身の次の行動の方向性を決めたりしていることを考えれば、「資料を作ること」にもっともっと積極的に戦略的に取り組んでみてもいいのではないでしょうか。

資料を作成するならば、勝つ資料でなければ意味がありません。

テレビ番組リサーチャーとしての私の仕事の中で、資料作りは重要な意味を持ちます。資料作りは仕事の一部ではなく、主たる武器なのです。我々は自分のリサーチ成果（ネタ）を資料（プレゼンシート）として会議に提出します。

私が駆け出しだった頃、テレビの世界は今よりもずっと予算があり、人気番組ともなると大人数が企画会議に集まりました。リサーチャーも何人もいて採用される提案

「例を示す」というのは、「ガンの治療法としては、放射線もあれば、外科手術もあります。これらの中からあなたに合う方法を選んでください」というように選択肢を提供することです。

一方、「混在してしまう」というのは、選択肢を相手に与えず、資料を作成する側でこれがいいと選んでしまう状態です。「早期治療のためには外科手術がベストです」というような具合にです。

資料作りの戦略第2条は、ドキッとさせる、例を示す、謎を解くという構造を理解すること。それが説得して、納得させる資料に結びついていくのです。

● 第3条　初手はクライアントのニーズ確認

そもそもその資料は、なにを目的にしたものなのか、あなたはそれを見極めてから作成に取り掛かっているでしょうか。

資料の読み手であるクライアント、上司、他部門、プロジェクトは、なんのためにその資料が必要なのかということを、着手する前に一度初心に戻って確認することで資料の精度を高めることになります。

読み手のニーズや好み、嗜好は、資料作成の戦略を立てる上でベースになります。資料を届ける相手が代わっているのに、同じ要素で、同じ情報ソースを利用して、似たようなレイアウトで作っていませんか？　提出先が変われば、必要な要素もソースもレイアウトも変わります。その都度、戦略を練り直すべきなのです。どのような形で情報を届けるのが一番相手に喜ばれるのか、納得してもらえるのかということを踏まえておくことで、内容の読まれ方が違ったり、評価が違ってくるのです。

では、ニーズはどのように把握すればいいのでしょうか。

たとえばあなたが上司からある会議で使用する資料の作成を頼まれたとしましょう。

その場合、その会議で何を決めるのか、参加者はどんな顔ぶれなのか、そして上司はその会議でどんな立場として受け止められたいと思っているのかということを丹念に確認します。前回の議事録があればそれをめくるのもいいでしょうし、その会議に他部署の同期がいるなら話を聞きにいって雰囲気をつかむのもいいと思います。

「何の資料を作るのか」以前に「この資料を何に活かすのか」「この資料で何を作るのか」ということを資料の読み手としっかり共有することがニーズをつかむコツです。

リサーチャーにとってクライアントはテレビ番組制作者ですが、さらにその向こうにはテレビの視聴者がいます。あなたの資料の先には誰がいますか？　上司に頼まれたちょっとした資料からビッグバジェットとのプレゼン資料でも、この戦略はかわりません。

資料は自分のためではなく、相手のために作るものです。

● 第4条　網羅した情報が資料のベースになる

　資料を作成するとき、調べるということから始めることが多いと思います。でも少し待ってください。その資料に載せる情報、あなたはどこで、どのように収集していますか？　あなたが使用しているそのデータ、その文献、さらには情報源、本当にその資料にふさわしいものですか。そのことについて考えてみたことがありますか。
　世の中にあふれる大量の情報から、本当に必要で出所正しい情報を見つけることは、至難の業です。インターネットやデータベースなどさまざまな便利ツールがあるため、そんなふうに感じにくいかもしれませんが、実際それほど簡単なものではありません。自覚のあるなしにかかわらず情報の海で溺れている人は多数います。
　そんなときリサーチの指針となる戦略は「網羅」です。どんなツール、媒体に変わろうとも変わらない調べものの鉄則を一言で表したのがこの「網羅」です。文字通り、情報の海に網を投げて情報をすくい上げるのです。
　網羅とは、考えられる限りの広い範囲の信頼できるソースから、調べる対象につい

1. 定義
2. 具体例
3. 歴史
4. 最新情報
5. 達人、専門家
6. 雑学トピック
7. データ

の7つの分類が役に立ちました。

これらのタイトルがついた箱に集めた情報をどんどん分け入れていくようなイメージです。

分類を行う際には情報を苦労して集めた立場ではなく、読む側の気持ちになってそのひとつひとつをふるいにかける客観性が必要になります。

● 第6条 「フィット」&「パワー」で構成順を決める

情報の取捨選択には、もうひとつの基準があります。それが「フィット」と「パワー」です。フィットしている情報とは、そのニーズに沿っていたり、備えていなければならない条件を全部クリアしている情報のことです。一方、世の中には理屈なしにおもしろく感じる情報というものがあります。見出しを見ただけで、読んでみたい、見てみたいと思う情報、それが「パワーがある情報」という言い方をしています。たとえば……

「今年、最も注目されるべき国はどこか」というテーマの場合、

2015沸騰国家、アゼルバイジャン

どうでしょうか、見出しを見ただけで「へえ!」と思ったり、ぜひ記事を読みたい、データを見てみたいと思う情報ではないかと思います。

基本的に資料には、読み手のニーズに合った情報、喜んでくれる情報、「フィット」が真っ先に配置されているべきです。ベストなのは、ニーズを満たしている上でパワーのある情報です。ここではアゼルバイジャンという具体的な国名で答えているばかりでなく、沸騰国家という表現でその情報のパワーをも引き出しています。冒頭の情報というのは、読み手側のテンションを左右するのでとても大事です。

フィットしていてパワーもある情報、パワーはあるがフィットがイマイチな情報、フィット止まりな情報などひとつひとつ選別していきます。そしてパワーのあるほうから順に並べていきます。後半パワー不足で寂しい感じになったら、最後にもう一度パワーのある情報を配置してもいいでしょう。その加減は、読み手の顔を思い浮かべながら行うのがいいでしょう。

情報には、フィットとパワーという観点で2つの種類があり、情報を提供する際には、その特性を考慮することが不可欠です。

● 第7条 自分の言いたいことから言ってはいけない

　繰り返しになりますが、資料とはニーズがあって成り立つものです。ですから、資料の冒頭は相手のオーダーに実直に応える内容でなければなりません。たとえクライアントが出したテーマが面白くないものであったとしても、です。

　想像してみてください。会議の場で、議事の流れや相手の質問を無視して、いきなり自分の言いたいことを滔々と語られても、メンバーは困惑するでしょう。なかには不快に思う人もいるはずです。質問した側は、自分の問いがきちんと相手に伝わっていないのではと不安になります。資料でも同様です。まずは、相手のオーダーに応えることを念頭に置いた構成にしましょう。

　このような脱線は、資料作成者の知識が対象について深まりすぎた場合に起こりがちです。資料作成の過程でたくさんのリサーチをしたおかげで、相手からのオーダーの答えが言うまでもない誰も知っているような当然の前提になってしまい、無意識に答えの先、さらに深い情報などの各論から言いたくなってしまうのです。

たとえば「今、●●市場で人気があるのはAかBか？」ということを報告する資料で「Bの主な購買層は……」といきなりBについての詳細からはじめてしまったらどうでしょうか。Bがダントツに人気なのは自明のことだとしても、やはり冒頭には「今、●●市場を席巻しているのはBです」という記述が必要なのです。

もしその先のことや方向性を変えた資料にする必要があるなら、相手の質問に誠実に答えたあとに、「Bの詳細についても見るべきものがあります」などと興味を引き、各論に入っていったり、自分の言いたいことに切り替えていきましょう。

資料から少し外れてしまいますが、トークの入り口も同じです。相手に話を聞いてほしければ、相手の聞きたいことから話し出すのが鉄則です。問いかけに対して「でも」「しかし」といった逆接からはじめるのは、相手を不快にする受け答えです。

内容以前の問題で読んでもらえない資料にしないよう気をつけましょう。

● 第8条　情報の罠に注意せよ！　イマドキのコンプライアンス心得

　コンプライアンス、通常「法令遵守」と訳されますが、ここでは一歩進んで情報を扱う上での「社会的責任」の意味で考えてみたいと思います。
　得てして資料作りは自分のデスクの上で完成してしまうので失念しがちですが、情報を扱うということは世の中に大きな影響を及ぼす可能性があるのです。ビジネスパーソンならば最低限押さえておきたい３原則をご紹介しましょう。

（1）出典明記と原典主義

　その情報はどこから得たのか。たとえば新聞とネットの掲示板。同じ内容の情報でも、その出所で受け取り方は違ってきます。出典が不明な情報は外に出さないこと。またそもそも情報を入手するソースをよく吟味することが必要です。最もよいのは原典にあたることです。原典とは、引用や翻訳などの元になった一次資料のこと。情報は途中どのように改変されているかわかりません。できる限り遡って原典にあたるこ

とが大事です。

(2) 複数ソース主義

情報の信頼性を確認するために欠かせないのが「裏取り」です。1つの情報源ではなく、同様の情報が他の媒体にも載っているかを確認するひと手間を惜しまないこと。また他の媒体でどう扱われているかも重要なチェックポイントです。

(3) アフターイメージ

情報が資料という形であなたの手元から離れたあと、どんな影響があるか、どんなふうに受け止められるのかを予め考えておきましょう。その資料の情報はある人にとっては面白く、ある人にとっては不快かもしれません。場合によっては実害を与えてしまうこともあります。そういったことを考慮せぬまま、情報を外に出さないこと。これはこれからの情報化社会では当然のマナーになるべきでしょう。

● 第9条　固有名詞と数字で勝負せよ！

　読んでいて面白い資料は、相手の頭の中に鮮やかなイメージを描くことができます。逆に固有名詞が乏しい資料はイメージを刺激せず、読む人に強い印象を残すことができません。具体的な例を挙げてみましょう。

　「オバマ大統領のもとに届く、1日あたりの手紙の数は1万1千通。大統領は、そのうちスタッフが選んだ10通に目を通し、2、3通に直筆で手紙を書くどうでしょう、ホワイトハウス内部のイメージが脳内に直筆で浮かびませんか？

　とはいえ、固有名詞や数字を使いこなすのは、意外と難しいのです。まず普段から意識してインプットしていないと必要なときに必要な固有名詞や数字が自分の中に見つからないからです。

　テレビ業界で天才と呼ばれる構成作家さんは、もれなく固有名詞や数字に強いです。番組の台本でも、会議のトークでも、企画書でもバンバン使ってどんどん仕事を進め

ていきます。それができるのも日頃から意識して貪欲に情報を摂取しているから。自分の話に「アレ」や「ソレ」が多いと感じる人は、まず新聞や雑誌を読むときに人物の名前、商品名、地名、GDP、売上高……興味を持ったものを意識してインプットしていきましょう。

またインプットだけではなく、積極的にアウトプットしていきましょう。日常の会話でも「今日のランチはなにを食べたの？」と聞かれたら、「パスタ」ではなく「カフェ●●のカルボナーラ、ベーコンじゃなくてちゃんとパンチェッタ使っているの」くらいのことを言えるようになりたいものです。そのほうが会話が楽しく盛り上がりますし、なにより相手にあなたの情報レベルが高いということを何気なく印象づけることができます。

以上、これが勝つための資料作成の戦略9カ条です。基本中の基本から、逆説的な原則まで並んでいたと思います。ぜひ資料作成前に念頭に置き、戦略を練ってください。

第2章 資料の勝敗を分けるテクニック

● 勝つレイアウトには余白の美がある

　手っ取り早く相手に見たい、読みたいと思わせるには、見た目が非常に大事です。私は、見出しにも本文にもなんの工夫もないレジュメ、行頭に凸凹がなくべったり文章が貼り付けられたレジュメほど嫌いなものはありません。読む人のことを考えないとても不親切なレジュメです。
　読みやすい資料とはなにかを一言でいうと「余白の美がある資料」ということになります。これはあるプロデューサーから言われた言葉なのですが、私が日頃、レジュメのレイアウトに対して思っているあれこれをすべて含有した絶妙な表現です。大事なのは、ここを読んでほしいという意図がそのレイアウトに反映しているかどうか。
　まず**キャッチ**（キャッチコピーのこと。人の心をつかむタイトルや広告文）はひと目でそれと分かるよう大きく。フォントもテーマに合わせてシックな感じだったり、ポップな感じだったりと工夫するとなおよいでしょう。キャッチの下には、その資料

を読むとなにがわかるのか、サマリーやリードがあると親切です。

それに続く本文は、改行やインデントを駆使して読みやすく、重要なところは太字にしたり、アンダーラインを引いたりしてメリハリをつけましょう。

さらに写真、図版、イラストも紙面を構成する重要な要素です。時には文章だけでは伝えきれないものを豊かに伝えてくれます。資料の性質、クライアントの好みにもよるとは思いますが、読み手の気持ちになったとき、文字だけがだらだら続いているような資料は読む気持ちを奮い起こすのが大変です。効果的に使っていきましょう。

「企画書は1枚で」ということもよく言われます。確かに簡潔なことも重要で1テーマにつき延々と紙面を費やすのは避けるべきですが、1枚に収めんがためにキツキツの見にくいレイアウトになるくらいなら、内容を絞って情報を減らすか、2枚になったとしても余白の美がある資料の方が相手によい印象を残すと私は思います。

具体的なレイアウトについては、第3章以降でさまざまな例を用いて具体的に紹介していきます。

●一読ではなく一見

文章には2種類あります。読むと論理的に理解できる文章と、読むと目の前に情景やイメージが広がる文章です。

何度も言いますが、資料は読まれるものでなくて見るものです。それを踏まえると、一読して内容がわかった気になる文章より、ちらっと一見しただけでおおよその内容がわかる文章が資料には有効です。つまり読むと目の前に情景やイメージが広がる文章、コピーが資料には必要なのです。

一言で読み手の脳内にイメージを広げる文章とは、どんな文章でしょうか。それは以下の要素がふくまれた文章です。

1. 固有名詞が入っている

46

● 一瞬で読み手を魅了するキャッチコピー　具体的に語れ

資料のキャッチは、資料の内容を知りたい、読んでみたいと思わせるという役目を担っています。文字通りクライアントの心を捕まえなくてはならないものです。クライアントが「資料は読まない、見るもの」タイプであれば、パンチの効いたキャッチが必要です。

しかし世の中にはキャッチの役目を理解しないでなんとなく付けられたキャッチが山のようにあります。本の見出しのような、じっくり読む人向けのキャッチと資料のキャッチは全く別物である必要があります。

× 「プロの秘伝」
○ 「プロの〝低温調理〟は素材の力を引き出す」

「プロの秘伝」、一見無難な良いタイトルのように思えます。しかしこれでは、内容

> 情景やイメージが広がる文章

国境の長いトンネルを抜けると雪国であった。夜の底が白くなった。信号所に汽車が止まった。
　　　　　——『雪国』川端康成（1935）

道がつづら折りになって、いよいよ天城峠に近づいたと思う頃、雨脚が杉の密林を白く染めながら、すさまじい早さで麓から私を追って来た。
　　　　　——『伊豆の踊子』川端康成（1926）

山路を登りながら、こう考えた。智に働けば角が立つ。情に棹させば流される。意地を通せば窮屈だ。兎角に人の世は住みにくい。
　　　　　——『草枕』夏目漱石（1906）

それらの夏の日々、一面に薄の生い茂った草原の中で、お前が立ったまま熱心に絵を描いていると、私はいつもその傍らの一本の白樺の木蔭に身を横たえていたものだった。
　　　　　——『風立ちぬ』堀辰雄（1938）

> 説明的な文章

動詞

動詞とは、品詞の1つで、主に動作や状態を表し、項として主語や目的語などの名詞句をとる語である。時制がある言語では、一般に動詞が時制を示す。

動詞の一般的性質

動詞は名詞とならんでほぼ全ての自然言語が持つとされる基本的な品詞である。「走る」「消える」のように動作や変化を表すほか、「ある」「違う」「匹敵する」のように存在や状態を表すものも含まれる。

通常、動詞は主語、目的語などの項を伴って文を形成する。多くの言語で動詞は態（ヴォイス）、相（アスペクト）、時制（テンス）などによって形態が変化する。また、主語の性・数・人称などとの一致現象を見せる言語も多い。

2. 擬音などを使った具体的な描写がある

具体的な数字も固有名詞と同様の効果を発揮します。ビジネス書のタイトルにも数字を入れると売上があがるとよく言われていますが、数字により期待感がアップするという意味で資料でも同じことが言えると思います。

普段の会話でも固有名詞があるかどうかで盛り上がり方が違ってきます。擬音も楽しい会話にはつきものです。

を読まないとなにが秘伝なのかがわかりません。クライアントが多忙な人であった場合不親切です。しかし、それ以上にこのキャッチには「おや、なんだろう」と思わせるインパクトがありません。

一方、「プロの〝低温調理〟は素材の力を引き出す」はどうでしょうか。従来プロのシェフの料理といえば、素材の持つ力を損なわないよう大きな火力で短時間で調理するというものでした。それが真逆の低温でゆっくりじっくり時間をかけて内部に火を通す調理法だと聞くと、「本当に美味しくなるの?」「水っぽくならないの?」などさまざまな疑問が浮かび、それが読んでみようという気にさせるのです。

結論をキャッチに書いたら、相手は分かった気になって読んでくれないのではないかという心配もあるかもしれません。しかし、資料は言いたいことを伝えるために作るものです。詳細まできっちり読まれずとも一番言いたいことをキャッチで伝えられれば、役目は果たせているのです。

● 感嘆符「！」の功罪　熟語の破壊力

キャッチによく使われる感嘆符「！」。英語ではエクスクラメーションマークとも言われ、強調を表したいときに用いられます。出版や印刷業界では「アマダレ」などとも呼びます。

便利なので安易に使ってしまいがちですが、乱用は文章の質をさげてしまいかねません。

ついに終結!?　浜松vs宇都宮　"餃子戦争"　宇都宮が日本一に!!

幼稚でうるさんくさい印象がしませんか。媒体によってはこのような使い方が好まれることもあるかもしれませんが、ビジネスの「資料」にはふさわしいとは言えません。

宇都宮市、餃子購入額首位奪還　3年ぶりに浜松市を抑え（日経新聞 2014.1.31）

「！」がなくても十分意図を伝える表現方法はいくらでもあります。右の見出しで「！」の役目を果たしているのは「奪還」という熟語です。インパクトのある言葉選びもまた、ビジネス資料には欠かせないテクニックです。

どうして感嘆符を乱発してしまうのか。それは、資料を作成する人の陶酔によるものではないかと分析しています。伝えたいという気持ち、テーマへの思い入れの強さは、よい資料を作るためには大切な原動力だと思いますが、過度になると陶酔の世界に行ってしまいます。ときに冷静になって、全体とのバランス、クライアントの好み、距離感を考慮するようにするとこの陶酔状態は避けることができます。

どうしても自分のボキャブラリーの中に見つからない、ボキャブラリー自体が不足していると感じている場合は『日本語　語感の辞典』（岩波書店）などが力強い味方になります。

●進化する資料　デジタルビジュアライゼーション／インフォグラフィック

最近「デジタルビジュアライゼーション」「インフォグラフィック」という手法が注目されています。言葉を聞くのは、初めてでも多くの方がこの「ビジュアライゼーション（可視化）」を体験しています。

たとえば「東京ドーム■杯分」のような表現。「この夏、東京ドーム100杯分のビールが消費されました」などと聞くと、正確な量はわからないけど大量らしいということはイメージできます。「■リットルのビールが消費された」と数字だけ聞くよりずっと具体的に感じます。もっとも日本人であっても実際に東京ドームに行ったこともなく、見たこともない人は多く存在していますが、それでも「東京ドーム■杯分」というのはひとつの基準としてとても優秀な表現だと言えるでしょう。

これをさらに現実の視覚に訴える手法が「デジタルビジュアライゼーション」や「インフォグラフィック」です。

●進化する資料　デジタルビジュアライゼーション/インフォグラフィック

最近「デジタルビジュアライゼーション」「インフォグラフィック」という手法が注目されています。言葉を聞くのは、初めてでも多くの方がこの「ビジュアライゼーション（可視化）」を体験しています。

たとえば「東京ドーム■杯分」のような表現。「この夏、東京ドーム100杯分のビールが消費されました」などと聞くと、正確な量はわからないけど大量らしいということはイメージできます。「■リットルのビールが消費された」と数字だけ聞くよりずっと具体的に感じます。もっとも日本人であっても実際に東京ドームに行ったことも、見たこともない人は多く存在していますが、それでも「東京ドーム■杯分」というのはひとつの基準としてとても優秀な表現だと言えるでしょう。

これをさらに現実の視覚に訴える手法が「デジタルビジュアライゼーション」や「インフォグラフィック」です。

「！」がなくても十分意図を伝える表現方法はいくらでもあります。右の見出しで「！」の役目を果たしているのは「奪還」という熟語です。インパクトのある言葉選びもまた、ビジネス資料には欠かせないテクニックです。

どうして感嘆符を乱発してしまうのか。それは、資料を作成する人の陶酔によるものではないかと分析しています。伝えたいという気持ち、テーマへの思い入れの強さは、よい資料を作るためには大切な原動力だと思いますが、過度になると陶酔の世界に行ってしまいます。ときに冷静になって、全体とのバランス、クライアントの好み、距離感を考慮するようにするとこの陶酔状態は避けることができます。

どうしても自分のボキャブラリーの中に見つからない、ボキャブラリー自体が不足していると感じている場合は『日本語　語感の辞典』（岩波書店）などが力強い味方になります。

〈クリミア戦争における東部軍隊の死因〉
ナイチンゲールの鶏頭図

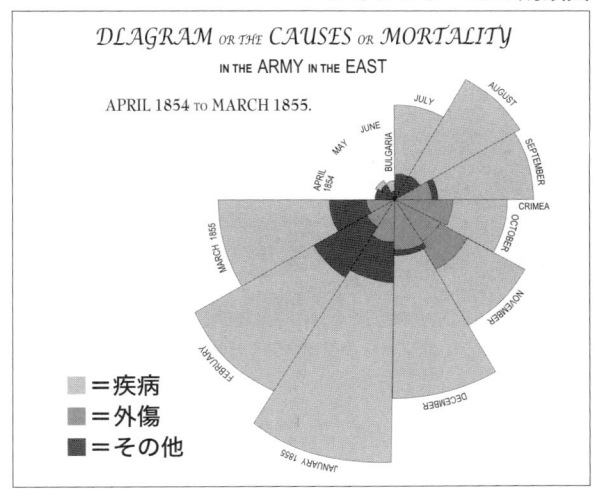

DIAGRAM OF THE CAUSES OF MORTALITY
IN THE ARMY IN THE EAST
APRIL 1854 TO MARCH 1855.

■=疾病
■=外傷
■=その他

　実際にデータを可視化し資料として活用した例としてはナイチンゲールの「鶏頭図」が有名です。クリミアの天使と呼ばれ、看護の基礎を作ったとして有名なナイチンゲールは、説得して納得させる資料作りでもその手腕を発揮しました。クリミア戦争における兵士たちの死因の多くは戦いによる傷ではなく衛生状態や栄養状態が悪いために引き起こされたものと統計学的に立証し、一目見ただけで状況の深刻さを伝

木村博之氏のインフォグラフィック (提供：Tube Graphics)

えるその資料を作成、見事ヴィクトリア女王から病院の環境改善命令を勝ち取ったのです。

ナイチンゲールはその資料作成に当たって、独自の表現方法を生み出しました。それが「鶏頭図」です。専門家以外の人が見ても内容がわかるようにと工夫されたそのチャートはインフォグラフィックの原点とも言えるものでしょう。

そして上が現在の「デジタルビジュアライゼーション」「インフォグラフィック」。

この新幹線のスピードを表現したインフォグラフィックは、日本のインフォグラフィックの第一人者である木村博之さんの

作品で、新聞の日曜版を飾りました。ひと目で新幹線のスピードを感じながら、新幹線車両の運転開始時期と最高スピードが一緒に理解できるようになっています。これまでグラフや年表で表していたことが味気なく感じられるほど、この新幹線のインフォグラフィックは見ただけでワクワクする気持ちにさせてくれます。

ここでは紹介しきれませんが、ビジュアライゼーションにはさまざまな手法があります。

全体の動き、状況を知る、比較して把握するにはデジタルビジュアライゼーションは今後欠かせない表現方法になっていくでしょう。そして興味を惹きつける、強く印象を残すという意味でも欠かせません。

ビジュアル化するには、文章で書く以上に伝えるべきことを明確化して、データの内容を深く理解し、それにまつわる情報を整理しないと完成しません。

第3章
ハイスピード資料変身テクニック
〜「読んでもらう」から「見せる」へ

※ 本章で紹介する資料の内容は架空のものもあります。
　レイアウトを参考にして下さい。

● 最初から満点でなくてもOK　資料は「変身」する！

ここまでぜひとも使っていただきたい鉄則を紹介してきました。

しかし、いろいろと学びすぎて、詰め込みすぎて、混乱していませんか。実際に使う段になって、どこから、何から、どう使ったらいいのか、わからないということもあると思います。

でも、大丈夫です。

最初から満点のものを作ろうとしなくてもいいのです。とにかく、まずは思う通りのものを書いて資料を作ってみましょう。そして、それをワンランク上のものに「変身」させればいいのです。

この章では、その「変身」のためのテクニックをご紹介していきます。

各ページは、資料の「Before」と「After」とテクニックの解説で構成されています。「Before」はなんとなく作ってしまいがちな資料、「After」はその「Before」の問題点を改善したレイアウトです。

変身テクニックもどれも5分とかからないものばかりです。

そして、どのテクニックから使ってもかまいません。掲載順に試してもいいですし、自分が作ったものを眺めながら、使ったら効果的ではないかと思うものから試してみるのもいいでしょう。うまくいかなければ他の手を使えばいいのです。

その「お試し」を繰り返すことで、おのずと資料作成の、とくにレイアウトについての勘所が身につき、勝てる資料、見せる資料が作れるようになるはずです。

ぜひ「変身」を楽しんで利用してみてください。

① 写真のチカラ

ヒト、モノ、エピソードをまとめるとき、専門家のリスト、面白いエピソードを持っている人たちの羅列など、情報を並べて見せたい場面で使えるワザをご紹介しましょう。

たとえばPR案件を考えるときに、日本全国の「親善大使リスト」を提案することになったとします。よく見かけるのは、文字の情報を、表組みを使って一覧表にしたものです。正直必要事項は揃っていても文字だらけの表です。

そこで、ひとつ要素を加えます。リストアップした親善大使の名前の横にその人の顔写真を添えるのです。こうすることによって、相手が資料を見た瞬間、情報が入ってくる資料にすることができるのです。写真が情報のインデックスの役割を果たすのです。

今は、著作権や肖像権などの問題もありますし、人物写真の入手が難しいときは、

次のような工夫をします。リスト内、情報の主役である人名の欄だけ、フォントを変更するのです。動きを感じさせたり、人間味がでるようなものが良いでしょう。それだけで、そのリストの情報が二次元のものから三次元へ変化します。立体的な情報になるのです。読んでいる人の脳内で、単なる文字情報から人の顔が浮かぶようになるのです。

人物以外のリストでも同様です。なにかしら内容を具現化するようなイラストや写真などを添えます。インターネット上には、有料無料を問わず著作権フリーの写真やイラストの素材集もたくさん存在していますので、それらを利用してみるのもいいでしょう。

この作業ひとつで「この資料は楽しそうだ」とか、「使えそう」といったイメージを喚起できるので、ぜひ試してみてください。

❶ 写真のチカラ
人モノ、エピソードモノを立体的にイメージ喚起

Before

日本全国・親善大使リスト

●宮城県…みやぎ絆大使

・田中一郎……	宮城県栗原市出身のタレント。マイナビプロダクション所属。19歳。A型。栗原市出身のゆかりでみやぎ絆大使に任命される。
・田中二郎……	宮城県栗原市出身のタレント。マイナビプロダクション所属。23歳。O型。栗原市出身のゆかりでみやぎ絆大使に任命される。
・田中三郎……	宮城県栗原市出身のお笑い芸人。マイナビ興業所属。25歳。AB型。栗原市出身のゆかりでみやぎ絆大使に任命される。
・田中四郎……	宮城県栗原市出身の俳優。マイナビ劇団所属。35歳。AB型。栗原市出身のゆかりでみやぎ絆大使に任命される。
・田中五郎……	宮城県栗原市出身のアナウンサー。マイナビテレビジョン所属。43歳。B型。栗原市出身のゆかりでみやぎ絆大使に任命される。

After

日本全国・親善大使リスト

●宮城県…みやぎ絆大使

田中一郎
宮城県栗原市出身のタレント。マイナビプロダクション所属。19歳。A型。栗原市出身のゆかりでみやぎ絆大使に任命される。

田中二郎
宮城県栗原市出身のタレント。マイナビプロダクション所属。23歳。O型。栗原市出身のゆかりでみやぎ絆大使に任命される。

田中三郎
宮城県栗原市出身のお笑い芸人。マイナビ興業所属。25歳。AB型。栗原市出身のゆかりでみやぎ絆大使に任命される。

田中四郎
宮城県栗原市出身の俳優。マイナビ劇団所属。35歳。AB型。栗原市出身のゆかりでみやぎ絆大使に任命される。

田中五郎
宮城県栗原市出身のアナウンサー。マイナビテレビジョン所属。43歳。B型。栗原市出身のゆかりでみやぎ絆大使に任命される。

②表紙のチカラ

あなたは資料に表紙を作っていますか? あえて作らないという人もいるでしょうし、作っていても、あたりさわりのない包括的な表題をつけただけという場合も多いと思います。

しかし、表紙や表題の役割というのはなにも資料のまとめだけではありません。これからめくろうとしている資料に詰まっている情報が面白いぞという期待感を煽ったり、こんなふうに読んでほしいという「目線」を読み手に伝えるという役割を持たせることも可能です。表紙はとても利用価値のあるアイテムなのです。

68、69ページの事例として見ていただいたのは、車にまつわる面白い情報を紹介した資料です。

車が私たちの日常にどんな影響を与えたのかということを知る資料として、歌の歌詞や映画、ファッション、広告などエンターテインメントに登場した車の事例を集めたものです。ここに集められた情報ひとつひとつは、「へー」と眺めても面白くて、

そのまま束にして読み手に渡しても悪くありません。しかし、ここに表題をつけることによって読み手の気分はグッと上がります。

あなたならどんな資料を付けますか？「エンターテインメントに登場した車」「アイコンとしての車」などいろいろな表題の付け方があると思います。

ここで紹介する一例は、私が実際に車に付けたもので「時代の気分 〜車とエンタメ」というものです。資料の読み手に車が時代の気分を映す鏡になっており、各時代で時代を形づくる役割を果たしてきたという側面を伝え、その資料と向き合ってもらうことができます。私はこの効果を「目線」と呼んでいます。

またもうひとつの効果としては、資料集を作ってみたもののイマイチ散漫でパンチ力が不足しているというとき。そんなときは、とびきりの表題を付けた表紙を作ります。そうすることでなんとなく物足りなかった資料は、実際より3割印象がアップします。

2 表紙のチカラ／表題のチカラ
雑多で弱いネタ集に、目線を与えて質UP！

Before

近年の邦画に登場する車

「あなたへ」

【監督】降旗康男　**【出演】**高倉健、田中裕子、草彅剛、佐藤浩市、綾瀬はるか、ビートたけし、大滝秀治ほか

刑務所の指導官・倉島英二が、亡き妻の願いを叶えるために、キャンピングカーで1200kmの旅に出る。高倉健の最後の主演作品であり、大滝秀治の遺作。

日産 エルグランド

倉島英二と妻を結ぶ大切なキャンピングカーの土台となった車※。無骨で温かな雰囲気の内装が印象的。

※ 写真はメーカー提供のもので、映画で使われたものではありません。

After

時代の気分
～車とエンタメ～

③目疲れ

あれこれ盛り込みたい気持ちはわかります。とびきりの資料を作りたいという気持ちもわかります。

しかし、思いつく限りの工夫を凝らし、手に入った要素すべてを入れた資料は読み手の目を疲れさせてしまいます。目がチカチカしてくるのです。ちゃんと読もうと思ってもどこに焦点をあわせたらいいのかわからなくなります。

ちょっと込み入っているなと感じたら、そんなときに必要と思って入れたイラストや写真、もしくは修飾を今見ている資料の紙面から思い切って3割減らしてみましょう。スッキリと見やすくなるはずです。

ここで大切なことがあります。最初から3割減の完成形を作ろうとしないことです。それを最初から作れたら苦労はありません。

まずは思いの丈を詰め込んで、よかれと思うことはなんでもやってみましょう。あ

の要素も入れてみましょう。こんな飾りもつけてみましょう。そしてそこから3割削ればいいのです。

脳はなにか見た瞬間、それをどう理解しようか準備をします。その過程で印象もつくられます。見た瞬間目を疲れさせてしまうような資料は、スタート段階から理解の妨げをしてしまいます。それでは元も子もありません。

落とす要素については、もう一度「それが必要か」ということを検討し、なくても通じるか実際に画面から削除したり戻したりして試してみましょう。

3 目疲れ
要素が多過ぎて、頭に入らない

Before

マイナビ太郎
～データ×オカルトの馬券術が大人気！

【出典】
公式サイト
http://www.mynavi.架空.com/
ブログ
http://www.mynavi.架空.com/

【プロフィール】
一橋大学卒業。70年代にマイナビ競馬研究社に入社。型破りな競馬エッセイで人気を得る。

競馬書籍の執筆、DVDの監修も多数

【連載】
「マイナビ競馬マガジン」、「週刊マイナビ」「月刊マイナビ」など、多数の書籍でコラムを連載している。

【著書】
「負けない競馬術」、「オカルト競馬術」、「競馬殺人事件」、「馬と私」（マイナビ文庫）など多数。

【備考】
テレビ番組にも数多く出演しており、2014年にはドラマにも初出演。競馬以外のジャンルでも活躍中。

マイナビ次郎
～回収率重視の「お笑い競馬ライター」

【出典】
公式サイト
http://www.mynavi.架空.com/
ブログ
http://www.mynavi.架空.com/

【プロフィール】
1990年、大学在学中にライターデビュー。競馬予想にお笑いという概念を持ち込んだ。

競馬関連番組の放送作家としても活躍

【連載】
「マイナビ競馬クラブ」、「週刊マイナビスポーツ」などで競馬関連のコラムやエッセイを連載している。

【著書】
「爆笑競馬道」（マイナビ新書）、「お笑い次郎」、「笑える馬の話」（マイナビ文庫）など多数。

【備考】
テレビ番組の放送作家としても活動中。自身の出演番組以外にも、さまざまな番組制作に携わっている。

After

マイナビ太郎
～データ×オカルトの馬券術が大人気！

【出典】
公式サイト　http://www.mynavi.架空.com/
ブログ　http://www.mynavi.架空.com/

【著書】
「負けない競馬術」、「オカルト競馬術」、「競馬殺人事件」（マイナビ文庫）など多数。

【プロフィール】
一橋大学卒業。70年代にマイナビ馬社に入社。型破りな競馬エッセイで人気を得る。テレビにも多数出演しており、競馬人気の復興を目指して奮闘している。

マイナビ次郎
～回収率重視の「お笑い競馬ライター」

【出典】
公式サイト　http://www.mynavi.架空.com/
ブログ　http://www.mynavi.架空.com/

【著書】
「爆笑競馬道」（マイナビ新書）、「お笑い馬次郎」「笑える馬の話」（マイナビ文庫）など多数。

【プロフィール】
1990年、大学在学中にライターデビュー。競馬予想にお笑いという概念を持ち込んだ。2014年にはマイナビ太郎とともにM-1グランプリにも出場。準優勝に輝いた。

④ 罫線のチカラ

資料作りにおいて、情報をどう紙の上で配置するか、つまりレイアウトは非常に大切な要素です。

情報の並べ方の基準になるのは、読み手の目の動きに他なりません。

人は文章の文字を追うときに目を動かしています。その目の動き、実は縦横が混在していると気持ちがいいものなのです。

通常、横書きならすべて横書き、縦書きなら縦書きで統一されています。それらを不用意に混在させると読みにくくなりますが、縦書き横書きを混在させずに、視線を縦横に動かす方法があるのです。それが罫線を使う方法です。

76、77ページをご覧ください。紙面いっぱいに横書きの文章が占めている資料に、1本の罫線を1本引いて、そこへ小見出しとそれを補足する情報や画像を配置します。それだけでずいぶんスッキリとして見やすくなったと思いま

罫線は表を作るときだけに使用するものではありません。

罫線は、レイアウトの要素を区分けして見やすくして視線を誘導する、そういった役割を果たすことができます。

さらに文字要素ぎっしりの紙面に余白を作り出し、圧迫感を減らし読みやすくする効果をあげています。

この方法は複雑な表組みが苦手でもシンプルに罫線1本を入れるだけでOKです。

ぜひ試してみてください。

4 ラインのチカラ
横組みに縦のラインを組んでスッキリした印象に

Before

卑弥呼

●魏の外交官が常駐した国際都市・邪馬台国を治めた女王
卑弥呼が景初3（239）年に、魏に貢ぎ物を贈ると、魏は「親魏倭王」の称号と金印を卑弥呼に授けた。

● 80年も続いた戦乱を妖術の力で鎮めた
卑弥呼以前、倭国には男の王がいて、70〜80年統治していたが、長く戦乱が続いていた。そのため卑弥呼が女王として立ち、妖術を駆使して国を治めた。

●死後、戦争が起きるほど影響力を持っていた
卑弥呼の死後、男王が立てられたが、国中服さなかった。そのため、戦争が起き、千人以上が犠牲になった。

●千人もの女召使いをはべらせていた
夫のなかった卑弥呼の政治的な補佐は、弟がつとめた。卑弥呼が王になってから、姿を見たものは少なかった。

聖徳太子

●「冠位十二階」を導入した
公平な階級制度「冠位十二階」により、一部の豪族に独占されていた要職に他の豪族がつけるようになった。

●建築技術を輸入し、"大工の神様"と祀られる
直角に曲がった金属製の定規「曲尺」を日本に伝えた。寺を建築する技術も、太子のおかげで広まったと考えられている。

●黒馬に乗って、富士山に飛んだ
24歳の頃のエピソード。甲斐から献上された馬が突如飛び上がり、太子を富士山へ運んだという。

●東洋のキリスト伝説が残る
「厩戸皇子」という名前の由来として、キリストの出生伝承に関係するという説がある。

After

卑弥呼 (?〜248頃)	●魏の外交官が常駐した国際都市・邪馬台国を治めた 卑弥呼が景初3（239）年に、魏に貢ぎ物を贈ると、魏は「親魏倭王」の称号と金印を卑弥呼に授けた。 ●80年も続いた戦乱を妖術の力で鎮めた 卑弥呼以前、倭国には男の王がいて、70〜80年統治していたが、長く戦乱が続いていた。そのため卑弥呼が女王として立ち、妖術を駆使して国を治めた。 ●死後、戦争が起きるほど影響力を持っていた 卑弥呼の死後、男王が立てられたが、国中服さなかった。そのため、戦争が起き、千人以上が犠牲になった。 ●千人もの女召使いをはべらせていた 夫のなかった卑弥呼の政治的な補佐は、弟がつとめた。卑弥呼が王になってから、姿を見たものは少なかった。
聖徳太子 (574 〜622)	●「冠位十二階」を導入した 公平な階級制度「冠位十二階」により、一部の豪族に独占されていた要職に他の豪族がつけるようになった。 ●建築技術を輸入し、「大工の神様」と祀られる 直角に曲がった金属製の定規「曲尺」を日本に伝えた。寺を建築する技術も、太子のおかげで広まったと考えられている。 ●黒馬に乗って、富士山に飛んだ 24歳の頃のエピソード。甲斐から献上された馬が突如飛び上がり、太子を富士山へ運んだという。 ●東洋のキリスト伝説が残る 「厩戸皇子」という名前の由来として、キリストの出生伝承に関係するという説がある。

⑤デコボコのチカラ

前の項目で罫線の活用法を紹介しましたが、とはいえそういう簡単な罫線も引くのがなかなか大変という人もいると思います。

資料作り初心者でも簡単に余白の美をもった資料にするとても簡単な方法があります。

資料内の文章の行頭を一辺倒に揃えないことです。

横書きでの左詰め一辺倒の文章は、論文のようなじっくりガッツリ読むぞという気構えのもとに読むにはとても気持ちのいい体裁ですが、資料には向きません。

これまで何度も述べてきたことですが、資料はきちんと読まれないことが多いのです。そう考えたとき、左詰め一辺倒の資料は相手に大きな負担を強いるのです。

大見出し、小見出し、本文、これら階層の違う情報をその階層ごとに行頭を揃えて、

資料にデコボコを出現させます。罫線を使わずとも、要素を区分けして内容を見やすく、視線を誘導することができます。

手際よくやるにはコツがあります。

それはデコボコさせる作業は最後にするということです。資料作りを進めながら、文頭の位置まで意識することは難しく、できたとしても作りながら階層を考えるのは非常に時間がかかります。なのでまずはこれも左詰め一辺倒でいいので細かいことは気にせずに最後まで資料を作りましょう。完成後に文章を読み直しながら、階層を考えながらデコボコさせればいいのです。

この作業をすることで、いいキャッチや見出しを思いついたり、わかりにくい文章の並びを入れ替えたり、推敲も自然にできるといううれしい副産物もあります。

5 デコボコのチカラ
文頭揃えが招くギュウギュウ感

Before

食品廃棄 〜なぜ捨てるのか〜

家庭での食品廃棄の理由トップは「作り過ぎたから」

山川株式会社が実施した調査の結果、非常に多くの食品が廃棄されていることが明らかになった。

・日本人が家庭で消費する食品の量は17年度で1人1日あたり1167g。可食部分の食品廃棄量は47.3g。

・この調査は17年6、9、12月、18年3月の各1週間、計1,000世帯を対象に食品の廃棄状況を調べたもの。

・食卓に出した料理を食べ残した理由では、「料理の量が多かった」と回答した世帯の割合が圧倒的に多い。

・「廃棄を少なくするために注意していること」を聞いた質問では、「作り過ぎない」という回答が最も多い。

結婚披露宴での食べ残しは22.5%

農水省統計部が調べた平成18年の食べ残し量の割合は、「結婚披露宴」では22.5%と高い比率になっている。

・「食堂・レストラン」の食べ残し量は、ほぼ前年並の3.1%。「結婚披露宴」よりかなり低い。

・「宴会」の食べ残し量は15.2%、「宿泊施設」は13.0%となっている。

・品目別に見ると、野菜炒め、漬け物、サラダなど「野菜が主体の料理」がもっとも食べ残されている。

After

食品廃棄 〜なぜ捨てるのか〜

家庭での食品廃棄の理由トップは「作り過ぎたから」

山川株式会社が実施した調査の結果、非常に多くの食品が廃棄されていることが明らかになった。

- 日本人が家庭で消費する食品の量は 17 年度で 1 人 1 日あたり 1167g。可食部分の食品廃棄量は 47.3g。
- この調査は 17 年 6、9、12 月、18 年 3 月の各 1 週間、計 1,000 世帯を対象に食品の廃棄状況を調べたもの。
- 食卓に出した料理を食べ残した理由では、「料理の量が多かった」と回答した世帯の割合が圧倒的に多い。
- 「廃棄を少なくするために注意していること」を聞いた質問では、「作り過ぎない」という回答が最も多い。

結婚披露宴での食べ残しは 22.5％

農水省統計部が調べた平成 18 年の食べ残し量の割合は、「結婚披露宴」では 22.5％と高い比率になっている。

- 「食堂・レストラン」の食べ残し量は、ほぼ前年並の 3.1％。「結婚披露宴」よりかなり低い。
- 「宴会」の食べ残し量は 15.2％、「宿泊施設」は 13.0％となっている。
- 品目別に見ると、野菜炒め、漬け物、サラダなど「野菜が主体の料理」がもっとも食べ残されている。

⑥ポイントのチカラ

イラストや写真のお話をしてきましたが、それでもまだ初心者の方には難しいものかもしれません。そんな資料作成初心者、PC初心者でもすぐにできるワザを紹介します。

資料には必ず文字要素があります。
誰もみな文字を使って文章を書きます。
その文字を選択して、ポイントを大きくする、つまり文字サイズを大きくする。それだけで十分に文字としての情報だけでなく、イメージとして強いインパクトを作り出すことができます。

表題や見出しなど一番に相手の目に飛び込んでほしい文字を大きくしてみましょう。
ただし、ひとつの資料のなかでサイズは一貫している必要があります。見出しは●ポ

ポイントの大きさを変えるだけで見え方が変わる

ポイントの大きさを変えるだけで、見え方には大きな差が出ます。同一の大きさのポイントを並べているだけでは、パッと見たときの差がありません。しかし、一カ所だけ大きなポイントにすることで、そのキーワードは否応なく目立ちます。これがポイントのチカラです。この図は中央に大きなポイントをもってくることで、目立つようにしていますが、他の方法もありま

ポイントのチカラ

す。大きなポイントを並べるなかに、わざと小さなポイントを配置することで、そこに読者の目線をもっていくこともできるのです。このテクニックはさまざまなバリエーションがあるので、いろいろと試してみることをおすすめします。ポイントの大きさを意識するだけで、あなたの資料の見栄えは大きく変化します。さあ、いま手もとにある資料から試してみましょう。

イント、本文は●ポイントときちんと揃えるようにしましょう。

ポイント数は、内容や前後のバランスもありますが、見出し部分なら自分でこれくらいと思うより も2ポイントほど大きいサイズを選びましょう。周りよりもかなり大きくしないとインパクトが発揮されません。

6 ポイントのチカラ
文字だけでも、画（え）にできる！

Before

女の決め台詞

作品名／作者	伊豆の踊子／川端康成	発表年	1926 年
ヒロイン	踊り子・薫		
状況設定	踊り子たちと出会った一高生。階級格差を超えた人間同士が交流し始める		
台詞	「いい人ね」 「それはそう、いい人らしいね」 「ほんとにいい人ね。いい人はいいね」		
効能	自分のことをホメる踊り子の会話をこっそり聞き、主人公、喜ぶ。踊り子たちに対するイメージは急上昇、その後、その中の一人、薫に恋する		

作品名／作者	伊豆の踊子／川端康成	発表年	1926 年
ヒロイン	踊り子		
状況設定	踊り子たちと出会った一高生。階級格差を超えた人間同士が交流し始める		
台詞	「下田に着いたら活動に連れて行って下さいましね」 ※活動＝活動写真・映画のこと		
効能	エリート一高生は自身の苦悩でがんじがらめ。そこへ「無邪気なおねだり」に、主人公、実はかなりうれしかった様子。結局、活動に連れて行くことはないが、この台詞の癒し効果は抜群		

または読まなくても足りるくらいのうまいサブタイトルが添えられればそれに越したことはありません。

コツは、その資料のなかにある情報の中で大切なキーワードを抽出し並べてみることです。キャッチやサブタイトルに困ったときに使えるのが、このテンプレートです。

「キーワードは、●●●」

これをどうしてもよいキャッチが思い浮かばないときにそのまま使用してもいいですし、サブタイトルとして普通につけた表題の上か下に

「○○○（表題）　●●&●●●（キーワード）」

と添えてもいいでしょう。とても便利なテンプレートです。

具体例　キャッチ「進化・増殖するSNS」
サブタイトル「キーワードはヴィジュアル化＆アプリ」

こうすることによってただの報告の羅列であった資料が「企画」に変わるのです。

7 サブタイトルのチカラ
ただの報告の羅列が企画に化ける

Before （全部読まないと、提案意図がわからない）

「ハイボール」のヒットで 25 年目の大逆転
サントリー「ウイスキー」

～ 概 要 ～

・下降の一途をたどっていたウイスキー市場が「ハイボール」によって売上を伸ばす。

・新しい飲み方の提案や、小雪を起用した CM で「おやじ臭い」イメージを払拭。若者の人気につながる。

・伝統を見直すという思いきったアイデアがヒットの要因。

1983 年にピークを迎えて以来、
人気は下降の一途をたどっていたウイスキー市場

「とりあえずビール！」
居酒屋でよく耳にする定番フレーズが、新しい飲み物に取って代わられつつある。30 歳前後の若者世代を中心として、ウイスキーをソーダで割った「ハイボール」が一大ブームを巻き起こしたのだ。
仕掛け役となったのはサントリーだ。従来「一番おいしい比率」とされてきたウイスキーとソーダの「黄金比率」よりも薄く割り、レモンを絞って大きなジョッキで飲むスタイルを提案した。

After

「ハイボール」のヒットで 25 年目の大逆転

サクセスへ導いたキーワードは
「飲み方の提案」＆「温故知新」

サントリー「ウイスキー」

~ 概 要 ~

- 下降の一途をたどっていたウイスキー市場が「ハイボール」によって売上を伸ばす。
- 新しい飲み方の提案や、小雪を起用した CM で「おやじ臭い」イメージを払拭。若者の人気につながる。
- 伝統を見直すという思いきったアイデアがヒットの要因。

1983 年にピークを迎えて以来、
人気は下降の一途をたどっていたウイスキー市場

「とりあえずビール！」
居酒屋でよく耳にする定番フレーズが、新しい飲み物に取って代わられつつある。30 歳前後の若者世代を中心として、ウイスキーをソーダで割った「ハイボール」が一大ブームを巻き起こしたのだ。

⑧ フォントのチカラ

フォント、気にしていますか？

本書の趣旨はとにかくなるべくシンプルに労力をかけず勝つ資料、愛される資料を作ってもらうことです。そのなかでフォント選びもまた大変手軽に資料を一変させることができるテクニックです。

PCにはたくさんのバラエティあふれるフォントが搭載されていますが、結局選べずにデフォルトのゴシックや明朝を使ったり、文字回りの修飾テクニックもせいぜいそれの太字、サイズ変更程度に留めてしまっている場合が多いのではないかと思います。

でも一度、フォントの欄をクリックして、思い切ってこれまで使ったことのないフォントを使ってみましょう。

最もよいのは、すべてのフォントをひと通り試してみることですが、その時間がな

い場合、オススメしたいのが「メイリオ」です。このフォントは大変便利な万能選手です。

「メイリオ」はマイクロソフト社が「ウィンドウズビスタ」の日本語フォントとして開発したフォントです。その名の由来、なんだかわかりますか？ アルファベットで書いてみるとわかるかもしれません。「Meiryo」、つまり「明瞭」ということです。名前の通りPCの画面でみても印刷してもくっきりはっきり読めるフォントでこれを使わない手はありません。

すべての文字を選択して、フォント欄から「メイリオ」を選ぶだけで、あっという間に資料が垢抜けた雰囲気になります。

8 フォントのチカラ
メイリオで大変身！

(Before) (MS 明朝)

　ある日の暮方の事である。一人の下人が、羅生門の下で雨やみを待っていた。

　広い門の下には、この男のほかに誰もいない。ただ、所々丹塗の剥げた、大きな円柱に、蟋蟀が一匹とまっている。羅生門が、朱雀大路にある以上は、この男のほかにも、雨やみをする市女笠や揉烏帽子が、もう二三人はありそうなものである。それが、この男のほかには誰もいない。

　何故かと云うと、この二三年、京都には、地震とか辻風とか火事とか饑饉とか云う災がつづいて起った。そこで洛中のさびれ方は一通りではない。旧記によると、仏像や仏具を打砕いて、その丹がついたり、金銀の箔がついたりした木を、路ばたにつみ重ねて、薪の料に売っていたと云う事である。洛中がその始末であるから、羅生門の修理などは、元より誰も捨てて顧る者がなかった。するとその荒れ果てたのをよい事にして、狐狸が棲む。

(After) (メイリオ)

　ある日の暮方の事である。一人の下人が、羅生門の下で雨やみを待っていた。

　広い門の下には、この男のほかに誰もいない。ただ、所々丹塗の剥げた、大きな円柱に、蟋蟀が一匹とまっている。羅生門が、朱雀大路にある以上は、この男のほかにも、雨やみをする市女笠や揉烏帽子が、もう二三人はありそうなものである。それが、この男のほかには誰もいない。

　何故かと云うと、この二三年、京都には、地震とか辻風とか火事とか饑饉とか云う災がつづいて起った。そこで洛中のさびれ方は一通りではない。旧記によると、仏像や仏具を打砕いて、その丹がついたり、金銀の箔がついたりした木を、路ばたにつみ重ねて、薪の料に売っていたと云う事である。洛中がその始末であるから、羅生門の修理などは、元より誰も捨てて顧る者がなかった。するとその荒れ果てたのをよい事にして、狐狸が棲む。

> **ヒラギノ明朝** 公式文書や長文に。
> 硬質できちんとした印象を与える

　ある日の暮方の事である。一人の下人が、羅生門の下で雨やみを待っていた。

　広い門の下には、この男のほかに誰もいない。ただ、所々丹塗の剥げた、大きな円柱に、蟋蟀が一匹とまっている。羅生門が、朱雀大路にある以上は、この男のほかにも、雨やみをする市女笠や揉烏帽子が、もう二三人はありそうなものである。それが、この男のほかには誰もいない。

　何故かと云うと、この二三年、京都には、地震とか辻風とか火事とか饑饉とか云う災がつづいて起った。そこで洛中のさびれ方は一通りではない。旧記によると、仏像や仏具を打砕いて、その丹がついたり、金銀の箔がついたりした木を、路ばたにつみ重ねて、薪の料に売っていたと云う事である。洛中がその始末であるから、羅生門の修理などは、元より誰も捨てて顧る者がなかった。するとその荒れ果てたのをよい事にして、狐狸が棲む。

⑨ 余白のチカラ
余分な言葉を削ってスッキリ印象的に

Before

文字で埋め尽くされた文書は見にくいものです。「余白」を適宜とることで、大変見やすくなります。まさに「余白の美」とも呼ぶべき効果が生まれます。

それで見ている側に「なんだろう、それは？」とか「へー！」というような気持ちを呼び起こすことができます。

次の見開き、左右のスライド、あなたはどちらに惹きつけられますか？

もちろんこれはスライドだけに限ったことではなく他の資料でもここぞというときに使うと効果的です。1枚だけ余白たっぷりの紙面にワンセンテンス、もしくはキーワードのみ、など読み手の興味を惹きつける仕掛けとして使うこともできます。

⑨余白のチカラ

たとえばパワーポイントのスライドを使ってプレゼンを行うとき、有益な情報をたくさん盛り込まなければと思うでしょう。

普段大勢の前でしゃべることに慣れない人でも、パワーポイントのスライドに情報を盛り込んでいれば、発表をナビゲートしてくれる。その安心感は絶大なものがあると思います。

しかし、聞く側の気持ちになってみましょう。プロジェクターで投影された画面の文字をどれだけの人が真剣にすべて読んでいるでしょうか。

スライドでは徹底的に余白の美を追求すること。

それがプレゼン成功のカギを握っています。プレゼン資料は読んでもらうためにあるのではなく、聞いてもらうためにあるのです。

ですから、プレゼンには「聞きたい！」と思わせる仕掛けが大切です。極限に削って印象的な言葉をたった一言、スライドで映し出します。

(MS ゴシック)　スライドやポスターに。
　　　　　　　　　太字に強く、親しみやすい

　ある日の暮方の事である。一人の下人が、羅生門の下で雨やみを待っていた。

　広い門の下には、この男のほかに誰もいない。ただ、所々丹塗の剥げた、大きな円柱に、蟋蟀が一匹とまっている。羅生門が、朱雀大路にある以上は、この男のほかにも、雨やみをする市女笠や揉烏帽子が、もう二三人はありそうなものである。それが、この男のほかには誰もいない。

　何故かと云うと、この二三年、京都には、地震とか辻風とか火事とか饑饉とか云う災がつづいて起った。そこで洛中のさびれ方は一通りではない。旧記によると、仏像や仏具を打砕いて、その丹がついたり、金銀の箔がついたりした木を、路ばたにつみ重ねて、薪の料に売っていたと云う事である。洛中がその始末であるから、羅生門の修理などは、元より誰も捨てて顧る者がなかった。するとその荒れ果てたのをよい事にして、狐狸が棲む。

After

余白の美

⑩結論から先に

ここでもまた一度すべて資料作成を済ませたあとの一手間で資料をとびきりのものにしましょう。

今、作成した資料の結論を資料のド頭にコピーし配置してみます。削るのではなくコピーです。もとの結論はそのままの位置に残しておきます。結論が長い文章なら簡潔なセンテンスに削ります。また文章をそのまま序文のように独立させてもいいでしょう。

結論というのは、その資料において読み手が最も知りたいと思うことや最も面白いと思うことです。

それを冒頭に置くことで、この資料は一体何がいいたいのか、一体どこがどう面白くて読まなくてはならないのか、そういった読み手の無意識の不安やストレスを解消することができます。

また結論が伝わらなければ、途中の説明も意味がありません。最初に最も伝えたいことをバーンと発表することでプレゼンの進行をすることも、資料を読み進めてもらうこともできます。てプレゼンの進行をする目的はほぼ果たしています。だから安心し

小説やドラマなど物語の構成は、起承転結、序破急などといっておいしいところは最後に持ってくるのが基本ですがビジネスでは全く反対と言えるでしょう。オチを最初にもってくるなんて……と不安になるかもしれませんがぜひ試しに「ド頭に結論」を宣言する、やってみてください。

⑩ 結論から先に

Before

マンドリルの生態

マンドリルといえば、青や赤のカラフルな顔が特徴的だが、はたしてあの鮮やかな顔の色には一体どのような意味があるのだろうか。

マンドリルの生態については、「個体数が少ない」「生息地がきわめて限定されている」「100頭規模の大きな群れを作るため、動物園での調査も困難」といった理由もあり、詳しいところは一切わかっていないのが現状。野外での調査もほぼない。

マンドリルの生態には謎が多いが、マンドリルの顔の色については以下のようなことがいわれている。

- マンドリルに地域による色のバリエーションはなし。
- オスの顔が、鼻が赤く、ほほが青くなっているのは、オスがメスをひきつけるためであると推測されている。
- マンドリルのオスの顔の色は、「全体は黒。鼻筋から鼻先にかけて赤、ほほの上部が青、ほほひげは白」というパターンがもっとも多い。

つまり、成熟したオスの顔色が鮮やかなのは、
 1) オスの方がメスよりも鮮やかである
 2) 子どもよりもおとなの方が鮮やかである
といった理由から、「オスがメスをひきつけるため」と推測されている。実験による裏付けはないが、これが最も一般的な説である。

> After

鮮やかな顔はメスをひきつけるため
マンドリルの生態

【結論】

- マンドリルに地域による色のバリエーションはなし。
- オスの顔が、鼻が赤く、ほほが青くなっているのは、オスがメスをひきつけるためであると推測されている。
- マンドリルのオスの顔の色は、「全体は黒。鼻筋から鼻先にかけて赤、ほほの上部が青、ほほひげは白」というパターンがもっとも多い。

⬇

成熟したオスの顔色が鮮やかなのは、
1) オスの方がメスよりも鮮やかである
2) 子どもよりもおとなの方が鮮やかである

といった理由から、「オスがメスをひきつけるため」と推測されている。実験による裏付けはないが、これが最も一般的な説である。

マンドリルの生態については、「個体数が少ない」「生息地がきわめて限定されている」「100頭規模の大きな群れを作るため、動物園での調査も困難」といった理由もあり、詳しいところは一切わかっていないのが現状。野外での調査もほぼない。

⑪ 約物のチカラ

「約物」

この言葉を正しく読める人はどれくらいいるでしょうか。これは、各種記号の全般を指す印刷用語で「やくもの」と読みます。文章の中でキーワードなどを強調したい場合にも使われますが、ここでは「見出し記号」としての使用法を紹介します。

見出し記号は、本文ではなく見出しや箇条書きの文章の頭につけるものです。見出し記号として利用できる約物にはさまざまな種類があります。それらを自分で作ったルールに基づいて使用すると内容の分類や整理に有効活用できます。読み手は使用している約物の種類で内容のレベルが直感的にわかります。

逆にルールが定まっておらず、約物を適当に使っていると必要以上に読み手を混乱させてしまいます。人は無意識のうちにこの約物を見て内容の位置づけを測っているのです。

約物サンプル

か ぎ こ	「 」	かぎかっこ。会話文などに使う
	『 』	二重かぎかっこ。かぎかっこ内でかっこを使う場合などに用いる
	' '	クォーテーションマーク。欧文でかぎかっこのように使う
	" "	ダブルクォーテーションマーク。欧文でかぎかっこのように使う
	( )	パーレン、丸かっこ。前の語に注記を加える場合などに使う
	〔 〕	亀甲、亀甲かっこ。引用符や強調などに使う
	【 】	すみつきパーレン、すみつきかっこ。引用符や強調などに使う
	[ ]	ブラケット、角かっこ。引用符や強調などに使う
	〝 〟	ダブルミニュート。引用符や強調などに使う
	〈 〉	ギュメ、山かっこ。引用符や強調などに使う
文 を 区 切 る 約 物	・	中黒。複数の名詞を並列で並べる場合などに使う
	:	コロン。前の文に説明を加える場合などに使う
	;	セミコロン。2つの文章をつなぐ場合などに使う
	!	感嘆符。エクスクラメーションマーク。強調文などに使う
	?	疑問符。クエスチョンマーク。疑問文で使う

見出しに使える約物			
◆	ヒシ形（クロヒシ形）	※	コメ印
◎	二重マル印	★	ホシ（クロボシ）
○	マル印（シロマル印）	□	四角（シロ四角）

11 約物のチカラ
内容のレベルが一目瞭然

Before

◆「元祖の店」関連資料

◆いちご大福
◆東京・新宿「マイナビ屋」
- ◆和菓子屋業界から表彰を受けている
- ◆誕生のきっかけは14年前
- ◆元祖の店としてもっとも有力と考えられる

◆三重・津市「いちご堂」
- ◆和菓子屋業界から表彰を受けている
- ◆マイナビ新聞で元祖として紹介された

◆東京・新宿「大福屋」
- ◆和菓子屋業界から表彰を受けている

◆三重・津市「スイーツ堂」
◆東京・新宿「いちご屋」

◆水ようかん
◆東京・渋谷「水ようかん屋」
- ◆和菓子屋業界から表彰を受けている
- ◆元祖の店としてもっとも有力と考えられる

◆宮城・仙台市「水ようかん本堂」
- ◆和菓子屋業界から表彰を受けている
- ◆マイナビ新聞で元祖として紹介された

◆東京・赤坂「水ようかん本家」

After

<「元祖の店」関連資料>

【いちご大福】
- ◆東京・新宿「マイナビ屋」
    - ・和菓子屋業界から表彰を受けている
    - ・誕生のきっかけは14年前
    - ・元祖の店としてもっとも有力と考えられる
- ◆三重・津市「いちご堂」
    - ・和菓子屋業界から表彰を受けている
    - ・マイナビ新聞で元祖として紹介された
- ◆東京・新宿「大福屋」
    - ・和菓子屋業界から表彰を受けている
- ◆三重・津市「スイーツ堂」
- ◆東京・新宿「いちご屋」

【水ようかん】
- ◆東京・渋谷「水ようかん屋」
    - ・和菓子屋業界から表彰を受けている
    - ・元祖の店としてもっとも有力と考えられる
- ◆宮城・仙台市「水ようかん本堂」
    - ・和菓子屋業界から表彰を受けている
    - ・マイナビ新聞で元祖として紹介された
- ◆東京・赤坂「水ようかん本家」

⑫ 熟成のチカラ

おいしいお肉、食べていますか？

昨今、エイジングビーフという通常より長い時間熟成させたお肉が話題になっています。この熟成＝寝かせるという行為はお肉だけでなく、資料も美味しくするのです。「資料を寝かせる」というのは、自分の作成したものを第三者の目でチェックして改善するためのテクニックです。

手っ取り早い方法が2つあります。

資料を作り終えてから、10分後、1時間後、余裕があれば一晩置いておいてから見直します。そうすると誤字脱字をふくめて改善点があれよあれよという間にたくさん見えてきます。「よし、完成！」と思ったら、そこですぐに提出しないで、一息、短くて10分、余裕があれば一晩置いてみてください。

推敲方法ですが、私はプリントアウトすることをおすすめしています。

プリントアウトの効果については、検証を試みている人がいます。「メディア論」で著名なマーシャル・マクルーハンや国際医療福祉大学の中川雅文教授といった方たちが、紙媒体の反射光とディスプレイの透過光では脳内の情報処理反応が異なるという結果に達しています。ディスプレイより、紙媒体のほうが情報理解に優れているというのです。

作業をしているPCの画面上ではなかなか気づかないことも別の環境で見てみると、5割増で発見することができます。資料に掲載している情報そのものに間違いがないことはもちろん、誤字脱字がほぼないことであなたの信頼性は急上昇するでしょう。

12 熟成のチカラ
簡単に第三者になれる装置

完成した文書

＜「元祖の店」関連資料＞

【いちご大福】

- ◆東京・新宿「マイナビ屋」
  - ・和菓子屋業界から表彰を受けている
  - ・誕生のきっかけは 14 年前
  - ・元祖の店としてもっとも有力と考えられる
- ◆三重・津市「いちご堂」
  - ・和菓子屋業界から表彰を受けている
  - ・マイナビ新聞で元祖として紹介された

↓

時間を置いてから見直す

推敲時の注意点

- ・見せ方は効果的か
- ・わかりにくい部分はないか
- ・誤字・脱字、泣き別れ※はないか
- ・よりよい表現はないか

※ 固有名詞の途中で改行することなど。

パソコン画面上

```
<元祖の店> 関連資料>

【いちご大福】
 ◆東京・新宿「玉屋」
  ・和菓子屋業界から表彰を受けている
  ・誕生のきっかけは14年前
  ・元祖の店としてもっとも有力と考えられる
 ◆三重・津市「とらや本堂」
  ・和菓子屋業界から表彰を受けている
  ・元祖の店としてもっとも有力と考えられる
 ◆東京・新宿「玉屋」
  ・和菓子屋業界から表象を受けている
 ◆三重・津市「とらや本堂」
 ◆東京・新宿「玉屋」

【水ようかん】
 ◆東京・新宿「玉屋」
  ・和菓子屋業界から表彰を受けている
  ・元祖の店としてもっとも有力と考えられる
 ◆三重・津市「とらや本堂」
  ・和菓子屋業界から表彰を受けている
```

↓

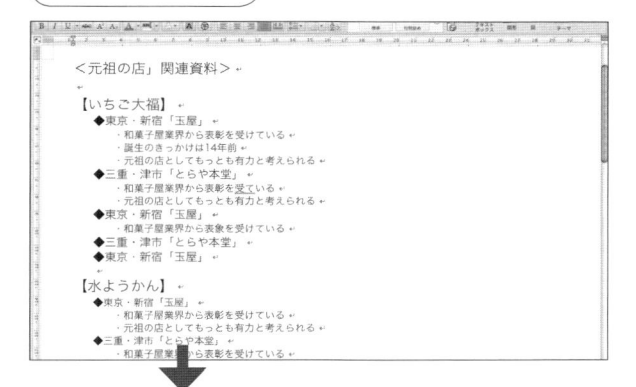

プリントアウトした紙

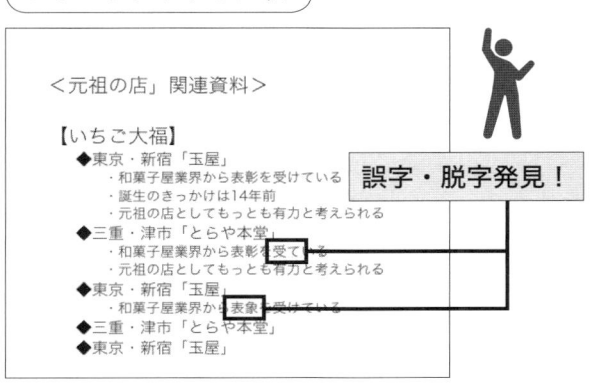

```
<元祖の店> 関連資料>

【いちご大福】
 ◆東京・新宿「玉屋」
  ・和菓子屋業界から表彰を受けている
  ・誕生のきっかけは14年前
  ・元祖の店としてもっとも有力と考えられる
 ◆三重・津市「とらや本堂」
  ・和菓子屋業界から表彰を受けている
  ・元祖の店としてもっとも有力と考えられる
 ◆東京・新宿「玉屋」
  ・和菓子屋業界から表象を受けている
 ◆三重・津市「とらや本堂」
 ◆東京・新宿「玉屋」
```

誤字・脱字発見！

⑬ 行間のチカラ

パーソナルスペースという言葉を聞いたことがありますか？ 心理学用語で人間関係における適切な距離のことを指します。家族との密接な距離、会社の同僚との家族よりはやや広めの距離。私たちは無意識のうちに関係に応じた距離をとっているのです。

文章もまた同じで、密接な距離感が合うコンテンツ、十分な行間が必要なコンテンツがあります。それらを作り手が考慮して適切な行間を駆使すれば、読み手の円滑な理解のためのよいガイドの役目を果たします。

本文で行間が開きすぎるとだらだらと間延びした紙面になってしまいますし、逆に箇条書きの部分で行間が狭いとせっかくの箇条書きのインパクトが薄れてしまいます。また選ぶフォントによっても、行間がしっかりないと読みにくくなってしまうものも

あります。地味な部分ですが、資料全体に及ぼす影響は大きいのが行間です。今まで考慮することがなかった場合は、ぜひ一度、いろいろな行間、フォントとの組み合わせを試してみましょう。

この行間を調整する作業もワードですぐにできる簡単なテクニックがあります。段落の欄から「行と段落の間隔」を選ぶことができます。またその横のスタイルの欄から「行間詰め」を選ぶことでも行間を調整することができます。

こうして仕上がった資料は実は「読ませる資料」から「見せる資料」へと変身しています。

人間は多くの情報量に対峙したとき、読もうという意欲が削がれます。しかし同じ情報量でも「見せる資料」ならば、脳の拒絶反応がなく受け止められ、その後速やかに内容を読んでもらえることでしょう。

⓭ 行間のチカラ

Before

マイナビ太郎

【プロフィール】
1979年東京生まれ。東京大学在学中に「少年と海」で小説家デビュー。数々の賞を受賞し、一躍注目を浴びた。以後、テレビや雑誌などでも幅広く活動している。2014年にノーベル文学賞を受賞。趣味はピアノと書道。

【経歴】
1979年　4月………東京都町田市に生まれる。
1989年　8月………兵庫県西宮市に引っ越す。
1998年　4月………東京大学に入学。
2001年　3月………デビュー小説「少年と海」出版。
2002年　3月………マイナビ新人文学賞を受賞。
2002年　5月………「少年と海」500万部突破。
2010年　6月………「少年と海2」出版。
2013年　1月………フランツ・カフカ賞を受賞。
2014年10月………ノーベル文学賞を受賞。

【近況】
現在はほとんど執筆活動をしておらず、仕事はテレビへの出演がメインとなっている。最近お気に入りの小説は川端康成の『雪国』。「国境の長いトンネルを抜けると雪国であった」からはじまるすべての文章を暗記したいくらい好きだという。平日は大体ピアノを聞きながら読書を楽しんでおり、今後、執筆を再開する予定もないとのこと。妻の町子さんはそんなのんびりした彼に対してしょっちゅう小言をいっているという。

After

マイナビ太郎

【プロフィール】

1979年東京生まれ。東京大学在学中に「少年と海」で小説家デビュー。以後、テレビや雑誌などでも幅広く活動している。2014年にノーベル文学賞を受賞。趣味はピアノと書道。

【経歴】
- 1979年 4月………東京都町田市に生まれる。
- 1989年 8月………兵庫県西宮市に引っ越す。
- 1998年 4月………東京大学に入学。
- 2001年 3月………デビュー小説「少年と海」出版。
- 2002年 3月………マイナビ新人文学賞を受賞。
- 2010年 6月………「少年と海2」出版。
- 2013年 1月………フランツ・カフカ賞を受賞。
- 2014年10月………ノーベル文学賞を受賞。

【近況】

最近お気に入りの小説は川端康成の『雪国』。「国境の長いトンネルを抜けると雪国であった」からはじまるすべての文章を暗記したいくらい好きだという。

⑭ シンプルのチカラ

資料を作成するオフィス系ソフト、ワードやパワーポイントを作成するためのさまざまな機能があります。単に文章を書くだけではなく、「文書」を作成するためのさまざまな機能があります。文字ひとつとっても、太字、斜体、アンダーライン……など簡単に装飾できます。とても便利な機能ですが、使いすぎには注意しなくてはなりません。実は資料作りが苦手な人ほどこれらをたくさん使いがちなのです。

特に気をつけたいのが文字の下に線を引くアンダーラインです。アンダーラインは、単語やセンテンスなど、ここぞというところに短く使ってこそ効果があります。複数の行にまたがるなど、長々と使用すると紙面がうるさくなるだけで、どこが本当に大事な文章なのか、単語なのかわかりません。

また斜体を多用している資料もときどき見かけますが、読みやすいでしょうか？

斜体（イタリック体）はアルファベットであったり、数学の数式などを表現するためのフォントです。違和感を持たせるためには有効ですが、強調したいときに使うのはあまりオススメできません。

全体として文字を飾る機能を使えば使うほど、野暮ったくなってしまいがちです。ここも、あそこもぜひ読んでほしい、注目してほしいという思いもわかりますが、シンプルを心がけたほうが相手にとって読みやすい資料となります。

14 シンプルのチカラ
装飾に凝りすぎると逆効果

Before

マイナビ太郎

【プロフィール】

1979年東京生まれ。**東京大学**在学中に**「少年と海」**で**小説家デビュー**。以後、テレビや雑誌などでも幅広く活動している。<u>2014年に**ノーベル文学賞**</u>を受賞。趣味はピアノと書道。

【経歴】

1979年	4月	**東京都町田市**に生まれる。
1989年	8月	**兵庫県西宮市**に引っ越す。
1998年	4月	**東京大学**に入学。
2001年	3月	デビュー小説「**少年と海**」出版。
2002年	3月	**マイナビ新人文学賞**を受賞。
2010年	6月	「**少年と海2**」出版。
2013年	1月	**フランツ・カフカ賞**を受賞。
2014年	10月	<u>**ノーベル文学賞**</u>を受賞。

【近況】

<u>**現在はほとんど執筆活動をしていない**</u>。最近お気に入りの小説は川端康成の『雪国』。*「国境の長いトンネルを抜けると雪国であった」*からはじまるすべての文章を暗記したいくらい好きだという。

15 グラフのチカラ
適材適所のグラフバリエーション

売上高の推移

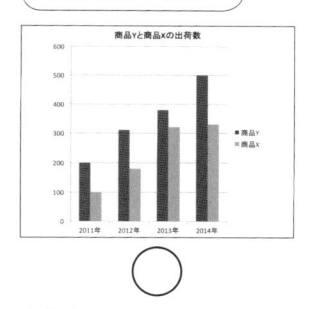

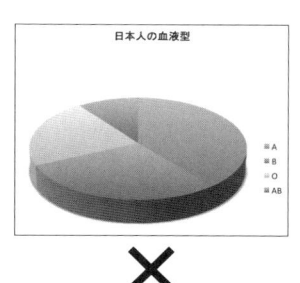

売上高は足して 100 にならないので円グラフは向いていない。折れ線グラフや棒グラフが適している。

アンケートの回答率

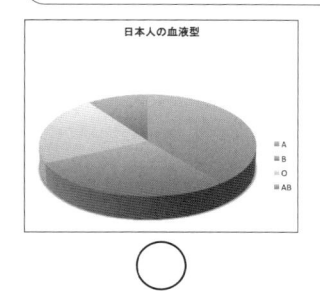

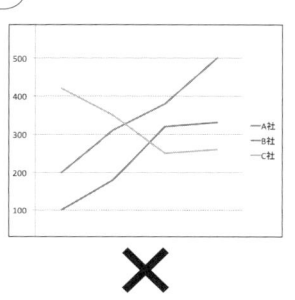

足して 100 になるので円グラフがわかりやすい。折れ線グラフは向いていない。

便利です。（例）アンケート回答　など

折れ線グラフ……変化
複数の要素の経年で変化する様子を追いたいときに便利です。単なるデータではなく、要素同士の関係性も見えてきます。（例）人口推移、収支の変化　など

棒グラフ……大小
複数の要素の大小を一目瞭然に把握するのに便利です。（例）生産量　など

グラフは、データを分かりやすくするものです。それぞれの特徴を理解して最適なグラフでビジュアル化することで、資料の内容がわかりやすいものになります。

⑮ グラフのチカラ

読ませる資料ではなく、見せる資料に欠かせない要素のひとつが、データをビジュアルで見せるグラフです。基本的なものを押さえておきましょう。

・棒グラフ
・折れ線グラフ
・円グラフ

それぞれ用途によって使い分けます。間違った組み合わせで使わないようにしましょう。

円グラフ……割合

主に足して100になるデータに使います。割合の分布をひと目で知りたいときに

After

マイナビ太郎

【プロフィール】

1979年東京生まれ。**東京大学**在学中に「**少年と海**」で小説家デビュー。以後、テレビや雑誌などでも幅広く活動している。2014年に**ノーベル文学賞**を受賞。趣味はピアノと書道。

【経歴】

1979年　4月………東京都町田市に生まれる。
1989年　8月………兵庫県西宮市に引っ越す。
1998年　4月………東京大学に入学。
2001年　3月………デビュー小説「少年と海」出版。
2002年　3月………マイナビ新人文学賞を受賞。
2010年　6月………「少年と海2」出版。
2013年　1月………フランツ・カフカ賞を受賞。
2014年10月………ノーベル文学賞を受賞。

【近況】

最近はほとんど執筆活動をしていない。最近お気に入りの小説は川端康成の『雪国』。「国境の長いトンネルを抜けると雪国であった」からはじまるすべての文章を暗記したいくらい好きだという。

円グラフ

足して100になるものに使う。

例…年齢層の割合
　　アンケートの回答率
　　血液型の割合
　　企業のシェア

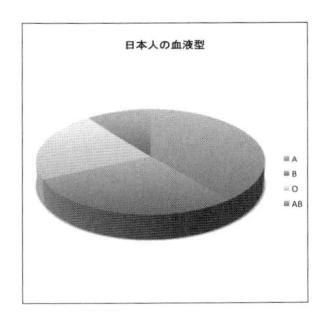

折れ線グラフ

要素が複数で、変化を比較したもの。

例…売上高の推移
　　身長・体重の推移
　　景気の推移
　　病気の発症率の推移

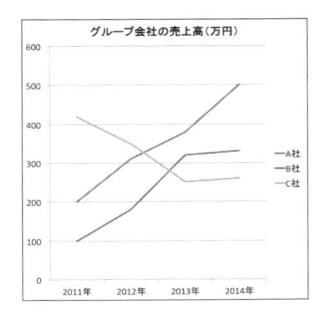

棒グラフ

複数の対象物を一目瞭然に比較する。

例…売上高の比較
　　商品シェアの比較
　　グループ会社の売上高
　　年度別の売上高

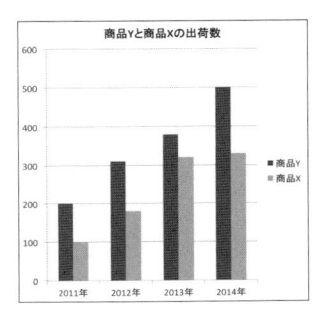

⑯ 真似するチカラ

資料作りが苦手な人はまずは何かをマネすることから始めましょう。大げさに考えなくても資料作りが上手な先輩など身近な人の資料のよいところを取り入れるところからでもよいと思います。

またマイクロソフトオフィスの公式サイトをはじめ、インターネット上にはたくさんのテンプレートがあり、無料で入手できるものもあります。時間があるときによさそうと思ったものは保存しておきましょう。

そしてそれらを参考にして自分なりの資料作りの栄養にします。実際のところ、たくさんのサンプルを見ることが一番の早道だったりします。

しかし本書では「スピーディー」をうたっていますので、ここでは手っ取り早い方法を紹介しましょう。

パワーポイントの資料は、背景によって印象が大きく変わってきます。資料全編を

通じて統一されたデザインの背景を使用すれば、少しぎこちない資料も垢抜けた雰囲気になります。

新規作成の場合は「デザイン」欄にある「テーマ」のグループから好みのものを選びます。その背景にあうよう文字や写真、イラストをレイアウトしていきます。

またすでに作り上げたパワーポイントの資料があれば、デザインテンプレート機能を使って背景をワンタッチで変更し見栄えをあげます。

16 真似するチカラ

Before

真似 四太郎

【プロフィール】
　1984年東京生まれ。マイナビ大学卒業後、イラストレーターとして活躍。その後、株式会社「マネマネ」を立ち上げる。血液型はO型。趣味は映画鑑賞、写真撮影、ビリヤード。

【経歴】
1984年　6月………東京都渋谷区に生まれる。
2000年　4月………マイナビ高校に入学。
2003年　4月………マイナビ大学に入学。
2008年　4月………イラストレーターとして活動を開始。
2010年　8月………株式会社「マネマネ」を作る。
2012年10月………マイナビイラスト大賞受賞。
2013年　1月………四コマ漫画「マネマネくん」出版。
2014年10月………マイナビ漫画家大賞受賞。

【近況】
　イラストレーター、漫画家として活躍する他、最近ではバラエティ番組などにも多数出演している。近々、「マネマネくん」のスピンオフ作品の制作に取り掛かる予定だという。

After　右ページを踏襲

真似 した代

【プロフィール】
　1989年東京生まれ。大学卒業後、アパレルメーカーに入社し、デザイナーとして働く。血液型はB型。趣味は音楽鑑賞、水泳、ヨガ、旅行、サーフィン。

【経歴】
　1989年　8月………東京都世田谷区に生まれる。
　1999年 11月………大阪府大阪市に引っ越す。
　2002年　4月………マイナビ付属中学に入学。
　2005年　4月………マイナビ付属高校に入学。
　2008年　4月………マイナビ付属大学に入学。
　2012年　4月………アパレルメーカーに入社。
　2013年　6月………マイナビデザイン大賞受賞。
　2014年　9月………自身のブランド「mane」を立ち上げる。

【近況】
　現在はデザイナーとして精力的に活動しており、2014年にはモデルとしてもデビューした。2015年には自身のファッション哲学をまとめた著書の出版が予定されている。

⑰テンプレートのチカラ

出回っているテンプレートもあまりしっくりこない、使いにくいとなったら自分で作るしかありません。

ある一日決心して、数パターンほどのごくシンプルないつでもどこでも使えるオリジナルテンプレートを作っておくだけで、資料作りにとりかかるときの気の重さが軽減されます。

欲張らずにシンプルなものを3種類だけ紹介します。

- **レポート型**
- **リスト型**
- **企画提案型**

ポイントは、これ以上シンプルなものはないというくらいシンプルなものを用意す

るということです。

そして実際に資料作りに使用する際に、対峙している事案に合ったものになるようにどんどん要素を足したり、デザインを修正したりしていけばいいのです。

忘れてはならないことは、フォントとその大きさ、行間については必ず指定しておくことです。

このバランスが資料の仕上がりに大きな影響を及ぼします。

17 テンプレートのチカラ

(企画提案型)

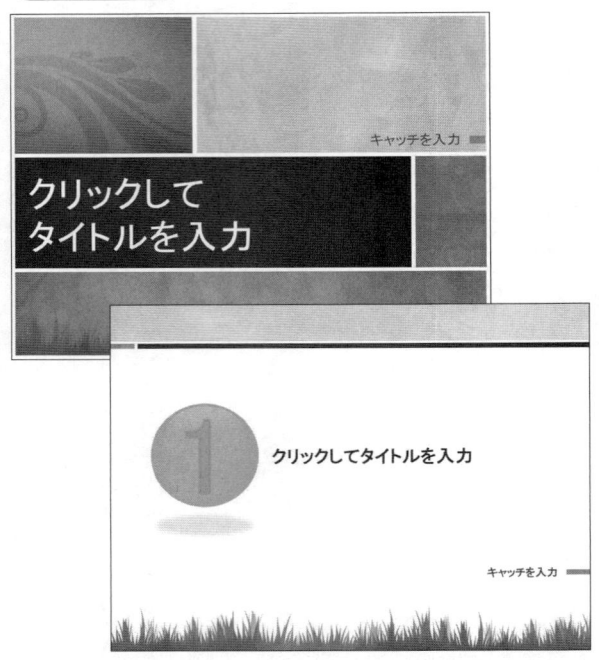

プレゼン向きのテンプレート。最初に結論を提示して、そのあとに根拠や背景などの説明が続く形になっている。わかりやすく、インパクトを与えられるものがいい。

レポート型

レポート向きのテンプレート。最初にテーマがあって、そのテーマについて順序よく解説していく形になっている。

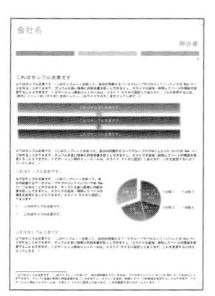

リスト型

要素羅列型のテンプレート。箇条書きを主体にした形になっている。ひとつのテーマについて多数のアイデアを提示したい場合などに利用する。

⑱センス速成　雑誌のシャワー

資料作りにおいて見た目の重要性はこれまで繰り返し述べてきました。内容と同じくらいレイアウトも資料を仕立てる上で必要な要素です。

とはいえ、センスは一日にしてならず。生まれ持ったものやそれまでのライフスタイルによる部分もあるでしょう。

しかし、速攻で"センスもどき"を獲得することは可能です。ここでもやはりマネするに限ります。雑誌の力を借りるのです。雑誌は活字媒体の中でも、レイアウトやスタイルに多くのこだわりをもった媒体です。読者の手にとってもらうため圧倒的な工夫を凝らしています。

自分の資料の提出先、活用先を踏まえて、同じターゲットを持つ雑誌の記事の並べ方は手っ取り早く参考になります。ビジネスであれば『週刊ダイヤモンド』『週刊東洋経済』、カルチャーであれば『BRUTUS』、ファッションであれば『Sweets』、サイ

エンス系であれば『ナショナル・ジオグラフィック』。伝える内容を意識した誌面になっています。

　余談ですが、レイアウトだけでなく、私は情報を調べたり資料を作成したりするきにも自分の脳内をターゲットに近づけるために雑誌のシャワーを浴びます。
　たとえば20代の男性に訴求する企画を考えるときは、徹底的に20代男性向きの雑誌をめくります。そうすると自然に自分の脳内に20代男性の思考が憑依しているのです。つい最近も20代男性の雑誌シャワーを浴びましたが、生活の中であんなに香りを意識している20代男子が多いとは驚きました。

18 雑誌のシャワー
調べるテーマに沿って、活用しよう!

【男性】読者対象別 雑誌リスト

・JMPA マガジンデータより（部数算定期間：2013 年 10 月 1 日～ 2014 年 9 月 30 日）
・【出典】日本雑誌協会　http://www.j-magazine.or.jp/data_002/main.html
・「＊」は印刷証明付部数

雑誌名	出版社名	発行部数
ティーンズ誌（ストリート）		
ウーフィン	シンコーミュージック・エンタテイメント	120,000
ヤング誌（ファッション・おしゃれ）		
FINEBOYS	日之出出版	96,667*
POPEYE	マガジンハウス	99,209*
Men's JOKER	KK ベストセラーズ	146,671*
MEN'S NON・NO	集英社	142,500*
street Jack	KK ベストセラーズ	130,000
Men's SPIDER	リイド社	100,000
ヤング誌（グラビア）		
ENTAME	徳間書店	98,731*
BOMB（ボム）	学研パブリッシング	38,186*
ヤングアダルト誌（ファッション）		
OUTDOOR STYLE GO OUT	三栄書房	64,484*
Gainer	光文社	88,384*
MEN'S CLUB	ハースト婦人画報社	59,784*
2nd	枻出版社	72,000
Fine	日之出出版	88,000
ヤングアダルト誌（グラビア）		
EX 大衆	双葉社	90,717*
増刊大衆	双葉社	91,542*
CIRCUS MAX	KK ベストセラーズ	110,000

雑誌名	出版社名	発行部数
ヤングアダルト誌 (ライフスタイル・全般)		
Casa BRUTUS	マガジンハウス	89,625*
Sports Graphic Number	文藝春秋	168,646*
Sports Graphic Number PLUS	文藝春秋	45,608*
Tarzan	マガジンハウス	200,457*
BRUTUS	マガジンハウス	91,414*
Pen (ペン)	CCCメディアハウス	73,422*
Lightning	枻出版社	108,667*
デイトナ	ネコ・パブリッシング	95,000
ヤングアダルト誌 (オピニオン)		
SAPIO	小学館	127,500*
ミドルエイジ誌 (ライフスタイル)		
UOMO	集英社	64,584*
ENGINE	新潮社	27,631*
おとなの週末	講談社	78,000*
Safari	日之出出版	190,909*
MEN'S EX	世界文化社	34,325*
MEN'S Precious	小学館	35,750*
LEON	主婦と生活社	84,967*
一個人	KKベストセラーズ	130,000
CLUTCH	枻出版社	70,000
デイトナ・ブロス	ネコ・パブリッシング	70,000
ドゥーパ!	学研パブリッシング	80,000
シニア誌 (ライフスタイル)		
サライ	小学館	159,084*
MADURO	セブン&アイ出版	85,000

【女性】読者対象別 雑誌リスト

- JMPA マガジンデータより（部数算定期間：2013 年 10 月 1 日〜 2014 年 9 月 30 日）
- 【出典】日本雑誌協会　http://www.j-magazine.or.jp/data_002/main.html
- 「＊」は印刷証明付部数

雑誌名	出版社名	発行部数
ヤング誌（カジュアル）		
S Cawaii!（エスカワイイ）	主婦の友社	79,984*
JELLY（ジェリー）	ぶんか社	221,343*
Zipper	祥伝社	124,505*
SEDA	日之出出版	79,692*
non・no	集英社	326,500*
mina（ミーナ）	主婦の友社	157,234*
mer	学研パブリッシング	112,841*
ヤング誌（エンターテインメント情報）		
JUNON	主婦と生活社	53,750*
ヤングアダルト誌（ファッション・総合）		
ar	主婦と生活社	123,150*
with	講談社	307,375*
MORE	集英社	344,167*
ヤングアダルト誌（エレガンス・ハイクオリティ）		
25ans	ハースト婦人画報社	78,263*
ヤングアダルト誌（モード）		
GINZA	マガジンハウス	69,542*
SPUR	集英社	96,667*
装苑	文化出版局	39,000*
FUDGE	三栄書房	111,884*

雑誌名	出版社名	発行部数
ティーンズ誌（ガールズ）		
ニコ☆プチ	新潮社	105,804*
キラピチ	学研パブリッシング（学研教育出版）	130,000
ティーンズ誌（ローティーン）		
nicola	新潮社	212,979*
ピチレモン	学研パブリッシング（学研教育出版）	100,009*
ティーンズ誌（ティーンズ総合）		
Seventeen	集英社	275,834*
ティーンズ誌（エンターテインメント情報）		
duet	集英社（ホーム社）	113,334*
POTATO	学研パブリッシング	103,206*
Myojo	集英社	212,500*
ティーンズ誌（その他）		
Cobalt	集英社	15,000*
ヤング誌（ファッション・総合）		
ViVi	講談社	292,500*
CanCam	小学館	161,250*
JJ	光文社	138,925*
Ray(レイ)	主婦の友社	137,609*

雑誌名	出版社名	発行部数
ミドルエイジ誌(30代ファッション)		
VERY	光文社	345,817*
saita(咲いた)	セブン&アイ出版	117,692*
SAKURA	小学館	91,500*
ナチュリラ	主婦と生活社	57,125*
LEE	集英社	261,667*
nina's(ニーアズ)	祥伝社	100,000
mamagirl(ママガール)	エムオン・エンタテインメント	120,000
ミドルエイジ誌(40代ファッション)		
GOLD	世界文化社	49,050*
STORY	光文社	273,642*
Precious	小学館	79,000*
Marisol	集英社	98,750*
レディブティック	ブティック社	75,000
ミドルエイジ誌(50代ファッション)		
エクラ	集英社	95,000*
HERS	光文社	91,184*
ミドルエイジ誌(ライフスタイル総合)		
家庭画報	世界文化社	135,930*
クロワッサン	マガジンハウス	236,688*
pumpkin	潮出版社	181,050*
婦人画報	ハースト婦人画報社	88,300*
ミセス	文化出版局	67,000*
和樂	小学館	42,200*
婦人之友	婦人之友社	70,000
ミドルエイジ誌(生き方)		
婦人公論	中央公論新社	188,464*
シニア誌(ライフスタイル)		
いきいき	いきいき	203,584*
毎日が発見	KADOKAWA	94,792*
ゆうゆう	主婦の友社	93,600*

雑誌名	出版社名	発行部数
ヤングアダルト誌(モード[海外提携誌])		
ELLE JAPON	ハースト婦人画報社	98,267*
フィガロジャポン(madame FIGARO japon)	CCCメディアハウス	77,084*
Numero TOKYO	扶桑社	50,000
ヤングアダルト誌(キャリア)		
AneCan	小学館	159,084*
andGIRL(アンドガール)	エムオン・エンタテインメント	150,221*
Oggi	小学館	171,917*
CLASSY.	光文社	214,167*
Domani	小学館	100,834*
BAILA	集英社	190,417*
ヤングアダルト誌(大人ギャル)		
GISELe(ジゼル)	主婦の友社	89,742*
ヤングアダルト誌(ライフスタイル総合)		
anan	マガジンハウス	191,531*
& Premium	マガジンハウス	96,209*
オズプラス	スターツ出版	89,644*
CREA	文藝春秋	70,819*
FRaU	講談社	75,000*
ROLa	新潮社	40,000

⑲目的別資料作成のコツ

資料といっても様々なタイプがあります。資料の果たすそれぞれの目的によってレイアウトも大切にするポイントがあります。

「企画書」

長々と文章で説明するよりグラフ、フローチャート、イメージなど相手の脳内で企画意図が具現化するような仕立てにするのがポイントです。
冒険できる場合は熱意や心意気をちりばめてみるのも作戦のひとつです。

「営業企画書」

実現性があり、説得力のあるコスト＆パフォーマンスを提示することが大切です。できもしないような過大な成果や楽観的すぎる予測はかえってクライアントの不安を招くことになります。

レイアウトは箇条書きやグラフなどで対比して理解できるよう工夫してみましょう。

「プレゼン資料」

プレゼン資料は「トークのガイドライン」としての役割があります。

プレゼンを受ける側、つまり聴衆とキャッチボールするための仕掛けをしておけば人前で話すのが苦手な人もリラックスしてプレゼンに臨めます。

たとえば用意している回答について、あえて「答え」として記載せずに、一歩手前の質問したくなるような情報を載せたり、意識的に説明となる文章をカットして結果だけをシンプルに単語だけで留めたりします。そうしておけば、自然と相手からのリアクションを引き出したり、注意をひきつけたり、一方的なプレゼンに終わらず盛り上げることができるのです。

「マーケティング資料」

マーケティング資料に欠かせないデータ。集計結果そのものに重きがあると思いが

ちですが、大切なのは結果を受けての分析、提案です。分析や提案が意外なものであればあるほどクライアントの心に届きます。そのキャッチで分析や提案を端的に表すことができます。

「**議事録**」

わかりやすい議事録とはなんでしょう？

議事録の目的は会議の内容を確認、把握することです。再現することではありません。発言を時系列に沿って再録したような議事録ではその用を成しません。

意外かもしれませんが、会議の時系列は無視して、ひとつのストーリーとしてまとめ直すと喜ばれます。

レイアウトは、議題と結果をまず頭に置いて、なぜその結果に至ったかについて代表的な意見を抽出、対比から導くと整理された議事録になります。

⑲ 会議録は「議事読み物」にする

議事の進行通りではなく、話題ごとにまとめるのが特徴。見出しと見出しの間に会議中に考えたリサーチポイントを赤字でメモ。

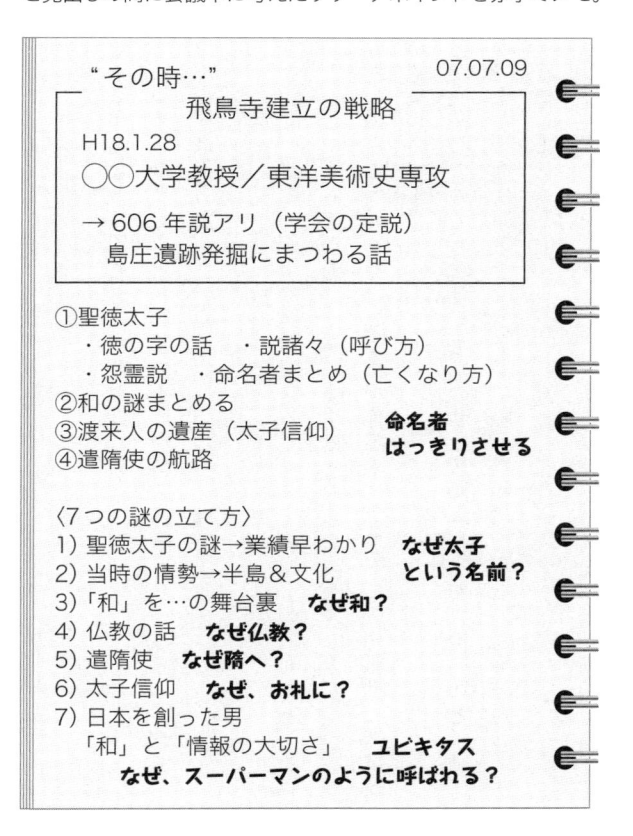

```
            "その時…"              07.07.09
         飛鳥寺建立の戦略
        H18.1.28
        ○○大学教授／東洋美術史専攻
        → 606年説アリ（学会の定説）
          島庄遺跡発掘にまつわる話

①聖徳太子
  ・徳の字の話  ・説諸々（呼び方）
  ・怨霊説  ・命名者まとめ（亡くなり方）
②和の謎まとめる
③渡来人の遺産（太子信仰）       命名者
④遣隋使の航路                 はっきりさせる

〈7つの謎の立て方〉
1) 聖徳太子の謎→業績早わかり    なぜ太子
2) 当時の情勢→半島＆文化       という名前？
3) 「和」を…の舞台裏  なぜ和？
4) 仏教の話  なぜ仏教？
5) 遣隋使  なぜ隋へ？
6) 太子信仰  なぜ、お札に？
7) 日本を創った男
   「和」と「情報の大切さ」    ユビキタス
    なぜ、スーパーマンのように呼ばれる？
```

⑳最速の奥の手

時間がない。やる気が出ない。何も思いつかない。そんな大ピンチに使えるワザです。わかりにくい資料を作るくらいなら、あえて言います。オリジナル資料は作るな、と。

参考になりそうな新聞、雑誌の記事や信頼できるインターネットの情報など、これを資料作りに使いたいというものがあったら、まずはそれらをコピーしましょう。ここで気をつけたいのがこういったコピー集を作る際に、すべての用紙サイズは統一していることが望ましいです。

A4やA3などが混在していてもオリジナルのサイズにコピーすればいいと単純に思っていませんか。また天板に原紙をセットする際も斜めにならないよう注意し、明瞭に判読できるようにしましょう。

ただのコピー資料、しかも雑多な出典。このまま提出したら、どれだけ手を抜いているのかと思われそうですが、そこに1枚、表紙がわりのサマリーを付ければ有効な資料に大変身です。

そのコピーした資料群をもって伝えたいことを表題にして各資料についての一言キャッチを並べたサマリーを作成します。

ここでも「何?」とキャッチにつられてページをめくらせたらこっちのもの。さらに高い完成度を目指すなら、サマリーの最後に結論を添えましょう。

それだけでコピー資料集の目次が完成です。

20 コピーのチカラ
コピー書類をまとめて簡単に資料作成！

必要な書類をコピーする

『秋葉原・中野ブロードウェイ・池袋乙女ロード東京3大聖地攻略ガイド 2014』（マイナビ）より抜粋

> タイトル&インデックスを作る

○□△×
攻略カタログ

INDEX
P1…ああああああああ
P2…ああああああああ
P3…ああああああああ
P4…ああああああああ
P5…ああああああああ
P6…ああああああああ

第4章 さらなる情報の達人へ

● まずアホになってみる

第4章では資料作成には欠かせない情報収集について、リサーチのプロが現場で行っているテクニックとともに考え方を紹介していきます。

プロのリサーチャーとしての私が、調べ物をするときに、まず最初に行うのは「アホになってみる」ことです。アホになることは、既存の古い知識を捨て、より正確な情報を得るためにも、思い違いを修正するためにも欠かせない工程です。

私たちはどうしても記憶や経験というものを元に調べ物をしたくなります。

少しでも過去にそのテーマに関する情報に触れていたら、「その情報ならあのソースをあたればいい」とか「この検索語を使えばヒットするはず」などと考えます。調べなくても知っていることもあったりして一見調べ物のスピードアップに大いに役立ちそうです。

しかし、それには大きな罠があります。もしその記憶に思い違いがあったとしても、

自分の知識を信じ込んで調べていたら間違いに気づくことがないままになってしまいます。また情報は常に新しくなっていて、昨日までの正解が今日は不正解ということは珍しくありません。「知っている」と思い込んでいると、最新状況の確認を怠りがちです。

私たちの知っていることなど、この世の中に出回っている情報から見たらほんのわずか。そのことを冷静に自覚したとき、あなたは「アホになる」ことができます。知っていると思っていることでも、まっさらな気持ちで、改めて調べるテーマに向き合うことが第一歩です。アホになって最初に公式情報にあたると自分の知識がどのように位置づけられるのかも判明します。位置づけが分かった上で利用するのか、しないのか、そこでやっと判断することができるのです。

ぜひ一度アホになって、より賢くなっていきましょう。

149　第4章　さらなる情報の達人へ

●まず最初に「公式」情報にあたる

「アホになって」最初に取り入れる情報が重要だと前述しました。最初に確認するのは調べるテーマの「公式情報」です。最初に触れる情報はなにより正確であることが求められるからです。「公式情報」とは、ここでは公式ホームページや事典、辞書類にある、当事者や識者の手になる情報のことを指します。狭義の「公式」の意ではありません。

たとえば、セミナーに呼びたい人物の資料を作成するとしましょう。その場合、その本人の公式ホームページがあれば、そこに掲載されているプロフィールが公式情報です。公式ホームページがなくても講演などを多く行っている人物の場合は、講演のコーディネートを行っている会社のサイトにプロフィールがあることもあります。著書がある場合はその書籍を発行している出版社に簡単なプロフィールが掲載されていることが多いです。そのプロフィールは本人の申告で作られているものなので、タイムラグに留意してそれを公式情報に準じるものとして扱ってもいいでしょう。ウィキ

ペディアが厳禁なのは言うまでもありません。

また海外に新しく拠点を設けるための資料を作るならば、候補になっている国の大使館のホームページをあたれば公式情報が手に入るでしょう。日本の外務省のホームページの各国情報も公式情報として有用です。

アホになって公式情報を丁寧にあたれば、人物であれば最新の肩書や最新の実績を知ることができます。また以前から名前を知っていた人であっても、名前の読み方が思っていたのと違っていたなんてことにも気づくことができます。国名でも普段通称で呼んでいる国名と正式な国名が違うというケースはたくさんあります。実際にその国の人とお付き合いが始まった際に知っておいて損はない情報です。

公式情報は、たくさん揃える必要はありません。とにかく正確であることが重要です。この公式情報は今後集めていく情報の位置づけを判断するときの基準になります。

●5つのソース

世の中には多くの情報源、ニュースソースがあります。いわゆるマスメディアと呼ばれるものから、チラシやポスター、企業や団体が配布している広報誌、街頭ディスプレイ、いたるところにさまざまな情報源があります。お寺の過去帳やおばあちゃんの知恵袋だって立派なソースです。しかし、「網羅」するといっても全てのソースにあたることはできませんので、プロは以下の5つのソースをリサーチの基本としています。

1. 書籍
2. 新聞
3. 雑誌
4. インターネット
5. 人間

第1章で情報を出す順番を間違えないようにと述べました。それと同様にインプットする際も順番が重要です。ソースをあたる順は

書籍 ↓ 新聞 ↓ 雑誌 ↓ インターネット ↓ 人間

となります。意外と思われるかもしれません。でも誤植ではありません。プロは、インターネットの検索画面にいきなり思いつく言葉を打ち込むことからはじめません。その理由は、最初に出合う情報の印象は強烈で、もし誤った情報に初めに出合って、それを正しい情報と認識してしまったら、リサーチの方向を誤った方向に導いてしまうおそれがあるからです。第一印象を消し去るのは難しいのです。ですから最初はきちんと情報の出所が明記され、責任の所在がハッキリしているソースにあたることが重要なのです。

詳しくはそれぞれのソースごとに、特徴と利用の仕方とを併せて説明していきます。

● 基本ソース1　書籍

　5つの基本ソースの中で最初にあたるのは書籍です。世の中に多く存在するソースの中でなぜ書籍なのかというと、それは著者という発信者が明記され、有料であるからです。有料であることはとても重要です。お金をとって情報を提供するという行為はその情報に責任を負うことであり、多くのチェックの目も経ています。

　あるひとつのテーマでも、時代、言語、立場の違う人が多くの切り口で本を書いています。書籍からは内容本文はもちろん、タイトルや目次も宝の山です。切り口そのものがほかのソースから情報を集める際に非常に有効なヒントとなるのです。

　とはいえ、どの本から手に取ればいいのでしょうか。ここでもまたいきなり1冊を選んで読み出すということはしません。まずはテーマにかかわる分野の書籍のタイトルを大量に眺めてみるのです。

　中身を読まずとも、資料の読み手のニーズと公式情報をしっかり踏まえていれば、関連するタイトルを見るだけで、おおよその内容をイメージすることができます。

テーマをめぐるたくさんの切り口のバリエーションを取り込んでいきましょう。

書店に行く時間がないという場合は、ネット書店を使いましょう。物理的に書棚の大きさが限られているリアルな書店と違い膨大な書名を眺めることができます。

そしてタイトルの下には、さらに重要な情報が載っています。著者名です。本を書くということは、その分野の専門家であると言えます。「これぞ」と思った本の著者は後から取材が必要になったときの有力な候補になります。

タイトルを十分眺めたら、その中から今度は実際に探しているテーマに沿った書籍の、リアル書店であればカバーのソデや帯などに書かれた内容解説、ネット書籍であれば各本のページに掲載された目次やまえがき、あらすじといった概要をざっと読んで、実際に読むべき本を選別します。

情報の質を重視するならば、あえて書籍を丁寧にあたることをおすすめします。

● 書籍2　リサーチャーの速読法なら1日10冊読める

ここまで読んで、スピーディーに資料作成する方法が知りたかったのに、限られた時間の中で本を読む時間なんてかけられないと、がっかりしている人もいるでしょう。

そこで普段わたしが実践している本の速読方法をご紹介します。

かつて本を紹介する番組を担当していたとき、1回の会議で30冊の本を紹介するため、毎日10冊ほどの本を読まなくてはならないという状況がありました。単に読むだけではなく、ディレクターや構成作家の前で1冊1冊「この本のポイントは……で」などとプレゼンしなくてはならないのです。とはいえじっくり読んでいる時間はない。

そんな毎日の中で私なりの速読法を編み出すことになったのです。

まずは本文を読む前の下準備として以下のポイントをチェックします。

1. **表紙と帯**
2. **著者プロフィール**

これらのチェックポイントから書誌情報がわかります。どこの出版社で、誰が、いつ出版したのか。参考文献からはどのような本に影響されているのかがわかります。

3. 参考文献

これらのポイントから自分の調べ物の基礎となる、第一人者の底本なのか、門外漢の書いた異端の意見が掲載された参考本なのかどんなスタンスでこの本を読めばいいのかが決まります。ちなみに「奥付」とは、書籍の最終ページに書名、著書、訳者、発行者、印刷所、印刷年月日、刷数などを明示したページのことです。その歴史は古く、最初に法的に定めたのは江戸幕府。この享保年間の出版取締令が明治政府の条例に受け継がれました。現在、法令は廃止されています。

4. 奥付

その次にチェックするのは「5. 目次」と「6. まえがき」、「7. あとがき」です。

ここから、この本はこういうことが書かれているはずという自分なりの仮説を作るのです。たとえば昨年大ヒットしたアドラーの関連書『嫌われる勇気』の場合、「た

え嫌われても幸せに生きるためにはありのままの自分で対人関係を作っていくための心得が書かれているはず」という仮説を作ります。

ここからようやく本文に目を通します。

ページを見渡して、仮説に沿っているかという観点でひらがなは飛ばして漢字と熟語のみに集中して拾い読みをすると、じっくり読まずともだいたいの内容を把握することができます。

じっくり読まなくてはならない箇所は、テーマに直結する最も知りたいことが書かれている部分と仮説に沿っていない部分です。先ほどの『嫌われる勇気』の例でいえば、ありのままの自分を常にさらけ出してよいわけではない、慎まなければならないといったことが出てくれば、それは仮説が覆った部分です。

この方法であれば、1日10冊読むことも無理なことではありません。

●基本ソース2　新聞

以前は、新聞とは、独自の信頼性の高い情報をすばやく発信しているメディアだと紹介してきました。しかし、昨今その信頼性が大きく揺れています。とはいえ、これまで私たちが妄信しすぎていた部分があるのかもしれません。

どんなメディアでも、誤報や捏造の可能性を秘めている。

そのことを忘れずに自分の判断基準をもって情報を受け止めていくことが今後の情報リテラシーには欠かせません。

リサーチをする上で新聞を利用する際は、世間の風を知るために利用するのがいいでしょう。

ひとつの事件をひとつの新聞の報道だけ読むのと、他の新聞の同じ事件の記事もあわせて読むのとでは理解の度合いがまったくちがってきます。

たとえば、今年新聞各紙を賑わした悲劇のコアラ、ジェレミー。オーストラリアの

大きな山火事で両手両足に火傷を負い、消防隊員に救助され、うつぶせて痛みに耐えるようなジェレミーの姿に涙を誘われた人も多いと思います。
ところがある新聞では、そこから取材が進んでそのジェレミーに世界各地からミトン（手袋）が寄付されているということまでが書かれていました。痛ましい姿だけでなく救いのある状況まで言及されていたのです。
新聞を複数紙読むことで、心が痛む事件に少し明るい光が差しました。
また第1章のコンプライアンスの項でも述べましたが、複数のソースにあたることは情報の真贋を見極めたり自分の受け取り方を決めるためにも必要なことです。
とはいえ、さまざまな問題をはらんでいるとはいっても、まだまだ日本の世論形成に大きな影響力を持つのは、新聞とテレビのニュース番組です。
ですから、調べているテーマについての記事をいわゆる五大紙（読売、朝日、産経、毎日、日経）からスポーツ紙まですべて総まくりしてみましょう。世間の風向きを感じることができます。
たとえば、2015年の日本経済の見通しについて各紙どのように伝えているでしょ

しょうか？

　新聞は、各社がそれぞれ持っている検索記事データベースを統合した「有料新聞記事検索」を利用すると、かなり古い情報までさかのぼって調べられます。できるだけ偏りのない情報を多角的に手に入れようと思ったら、このようなサービスを使うのも良い方法です。

● 新聞2　新聞は紙かインターネットか

　最近では、インターネットで新聞記事を読むことも多くなりました。スマホやタブレットの普及にともない電子版を愛読している方も多いと思います。とはいえやっぱり新聞は紙で読みたいと思っている人は少なくないと思います。私は、使用するメディアによって新聞記事は受け止められ方が少し違ってくると考えています。

　従来の紙の新聞の特徴は、その紙面の一覧性です。一覧性とは、ひと目で全体が見渡せるようまとめられていることです。

　紙面を思い浮かべてください。トップに注目を集める事件の第一報が載り、それを受けて事件の背景や解説が書かれた記事が配置されています。さらに事件とは無関係のニュースや季節の写真や広告などがレイアウトされています。興味があるのは事件の記事だけだったとしても、その記事を読もうとすると否応なく興味のない記事や広告も目に入り、これで今日という日がどんな1日かぱっと見て分かるようになっているのです。

それぞれの記事ごとに見出し、リード、本文があり、写真や図版があり、それらの要素が一体化しひとつの記事となって、一見しただけで記事が伝える概要をつかむことができるような構造になっています。これが新聞の一覧性です。

一方、インターネットのニュースは即時性が特徴です。ポータルサイトで刻々と最新ニュースのヘッドラインが示され、読む人は興味がわいたヘッドラインをクリックして読みます。基本的に画面には選んだ記事のみが表示されます。この方法は多忙な人には便利な機能かもしれませんが、自分の興味の外にある情報に接することができません。

一覧性のよさとインターネット配信の便利さを兼ね備えたのが、電子版となります。紙面のレイアウトをそのまま見ることもできるからです。

新聞の未来はどこへいくのか。報道の在り方が問われる今、個々人の情報の受け取り方が新聞の行く手に大きな影響を与えることでしょう。

● 基本ソース3　雑誌

雑誌の特徴は、雑誌ごとに読者のターゲットが明確であるということです。たとえば、書店に行けば棚からあふれんばかりに並んでいる女性誌。それぞれ読者が詳細にプロファイル設定され、読者の側も「私は Oggi 派」「そろそろ私も AneCan かな」などその雑誌に対する帰属意識を明確に持っています。

この特徴は、とくにマーケティングの企画を立てる際に役立ちます。

たとえば年収600万円以上のサラリーマンで都市部に住む30代男性の志向が知りたいと思ったら、彼らをターゲットにした雑誌をできるだけ多く片っ端からめくります。まさに「雑誌のシャワーを浴びている」状態です。読み終わるころには、脳内が30代の男性にすっかりなりきっています。私は「憑依する」と呼んでいるのですが、その状態でリサーチをすると、彼らが好むもの、関心があるものが自然と目に飛び込んでくるようになります。こういう使い方ができるのも雑誌が読者層を明確に設定しているからです。

また雑誌は、世間を知るための定点観測ツールとして使うこともできます。行うのは、発売日にさっと目を通すことだけ。読む時間がなければ、パラパラとめくるだけでもOKです。大事なのは、眺めるだけでいいので全てのページをめくることです。目次を見て興味ある記事に飛んで、それだけ読んで終わりにしてはいけません。めくっていけば印象的な見出しや写真が目にとまります。読まずにパラパラめくるだけでいいのです。

今、急いで行っているリサーチには使えないかもしれませんが、日頃から情報の接点を持っておくとイザというときにきっと役に立ちます。資料作成のみならず、企画やものづくりのアイデアも、ある日突然ひらめきが天から降りてくるのではなく、実際は何気なく見ている情報の組み合わせが脳内でカチッとハマったに過ぎません。日頃から情報感度を高めておくには、雑誌はとてもよいツールです。

● 雑誌2　大宅壮一文庫とdマガジン

大宅壮一文庫

　雑誌を使って調べ物をする際に欠かせない存在、それが大宅壮一文庫です。東京都世田谷区の八幡山にある雑誌専門の民間図書館です。ジャーナリスト大宅壮一の蔵書をベースに明治時代以降130年余りの膨大な雑誌を所蔵しています。
　メジャーな雑誌のほとんどは収蔵されており、それらの記事を図書館のスタッフが実際に読み件名をつけ分類し、独自の検索システムで記事が取り出せるようになっています。分類される件名の項目数はなんと7000にも及ぶそう。
　ジャーナリストやリサーチャーなど専門家だけが使う場所かと思われがちですが、親切な検索システムがあるので、調べ物初心者も便利に使うことができます。来館して閲覧する方法だけでなく、ファクシミリサービスやオンライン複写サービスなど便利なサービスもあります。

dマガジン

dマガジンは、NTTドコモが提供する電子雑誌の定額読み放題サービスです。月額400円（税抜-2015年2月現在）で、スマートフォンやタブレットを使い、100誌以上が読み放題ということで注目を集めていますが、ページのスクロールでも紙をめくるのと同じように、情報のシャワーを浴びることができるのか、私自身実験中です。

●基本ソース4　インターネット

　4番目にようやく登場するインターネット。なぜ便利なインターネットが後回しなのか、その理由は、インターネットにはさまざまなレベル、形態、つまり玉石混淆の情報が無限に存在しているからです。さらに情報へたどり着くまでにも、さまざまなアクセス方法があります。きちんとした情報を得ようと思ったら、見る目を磨く準備が必要なのです。

　たとえば「ウィキペディア (Wikipedia)」は、オンラインの百科事典として多くの人が利用しています。資料としてウィキペディアのプリントアウトしたものを添付しているのを見かけることも珍しくありません。しかし、勝つ資料にはウィキペディアは禁物です。

　なぜならウィキペディアは親切で便利な情報源ではありますが、決して正確な情報源とは言えないからです。ウィキペディアは誰もが自由に記事を作成編集できるオープンなサイトです。編集方針の第1条には「完璧でなくてもよいのです。編集を楽し

んでください」とあります。つまり裏付けのない誤った情報を載せてしまう人や、意図的に利益誘導しようとする人がいたとしても不思議はありません。実際に意図はなくとも単純な誤植も多く見られますし、間違った記述もかなり見受けられます。

そういうものだと理解し、なおかつ最初に公式情報にあたってからウィキペディアを利用するなら構わないのです。しかし、前述したように最初にインプットした情報の印象は強烈で、万が一間違った情報に先にふれてしまったらその後の調べ物をミスリードしてしまうこともあるのです。ですから、間違いを含む可能性が高いウィキペディアを調べ物の最初に見るのは禁物です。

ウィキペディアに限らずインターネット上には不確かな情報があふれています。昨今はキュレーションサイトなるまとめサイトもたくさん作られています。しかし、キュレーションと言えばかっこよく聞こえますが、そこに載っている情報は孫引きの孫引きかもしれません。そんなあてにならない情報をビジネスの場で使用することはあなたの情報リテラシーを疑われるもとになりかねません。ぜひ慎重に見極めて利用しましょう。

●インターネット2　ブラウザは2つ開く

インターネットで調べ物をする際に、情報の確度を高め、仕事をスピードアップする方法が、私が「ダブルブラウザ」と呼ぶ方法です。
言葉どおりPCの画面にインターネットのブラウザを2つ立ち上げておいて、片方では検索を、もう一方のブラウザではわからない言葉をささっと調べるというように使います。並べて比較ができるので、とても効率よく作業することができます。
単純なことですが、このような工夫が、分からない言葉をなんとなく「こうかな」という程度の理解でリサーチを続けていると必ず落とし穴に落ちます。
話が少し脱線しますが、私は知らない言葉があると一歩も前に進めません。その言葉をどう理解するかで文脈も、内容も変わってきます。
特にその言葉が記載された資料を使って報告などをするなら、必ず「それはどういう意味？」とクライアントや上司から尋ねられると思ってください。そのとき「わか

りません」と答えなくて済むよう、後回しにすると忘れたり面倒になるので、その場で調べてしまうのが一番よいのです。

またぜひこのダブルブラウザで行ってほしいのが「裏取り」です。前述した通り、インターネットの情報は玉石混淆。面白いものもたくさんありますが、その分出所不明、真偽不明の情報も多くあります。1つのソースで安心せずに、原典や複数のソースにあたって裏付けを取る習慣をつけておきましょう。

同じテーマを別のソースで探すことの利点は他にもあります。他のサイトではどんなふうに扱われているのかがわかり、もっと深い事実を見つけることができたりするのです。

2つのブラウザを行ったり来たりすることで、インターネットの迷路にはまり込むことなく、迅速に調べ物を進めていきましょう。

● 基本ソース5　人間

　ソースの最後、5番目に位置するのは人間です。人間を最後に置いたのは、十分な準備がないと期待するような情報が得られないからです。人間から情報を引き出すには、取材というプロセスが必要になります。他のメディアとは全然違うアプローチが必要になるということを取材する側が理解しておくことが重要です。
　ソースが人間である場合の利点は、なにより質問ができることです。他のメディアをくまなく探しても得られなかった当事者だから分かること、感じること、現実を直接聞くことができます。
　逆を言えばどんな質問をするか、どんなコミュニケーションをとるかで得られる情報が変わってきます。私は仕事柄、有名無名を問わず多くの人にインタビューをします。有名な方の中にはインタビューに慣れていて、インタビューアーの質問がたとえ拙くても、なにを聞きたいと思っているか、こちらの思いを汲み取って適切なお答えをくださる方もいます。しかし、多くのケースはインタビューアーが質問の繰り出し方を

誤ると実り少ない取材となってしまいます。

あるクイズ番組に携わっていたときに、さまざまな職業の方にインタビューする機会がありました。ほとんどの方が初めてインタビューを受ける方でした。その時、私が気をつけたのは答えやすい質問を投げかけることです。一番センスのない質問は「お仕事の中でなにかおもしろいことはありますか？」といった質問でしょう。相手の話から面白さを引き出すのはインタビュアーの役目。決してインタビューを受ける側がひねり出すことではありません。相手は毎日している仕事なのですから「至って普通ですよ、面白いことなんて特にないですよ」としか答えようがありません。

質問というのは、常に具体的であらねばなりません。自分の知りたいことを相手に答えてもらうには、どのような質問をすればいいのか。ここで活きてくるのが1から4までの各ソースで得た情報です。たとえば職人さんに話を聞く場合、「お仕事の工程を聞かせてください」「この時期、最も気を使われることはなんですか？」「いつも使われている道具を見せていただけますか？」など具体的な質問を投げかけます。対人間の取材には十分な準備が必要なのです。

●人間2　質問の質が成果を左右

　リサーチャーの仕事をしていると、人の話を聞く機会も多く、自分なりにインタビュー術を模索しつつこれまでやってきました。その中で、非常に内容の濃いインタビューができるときとそうでないときがある、ということに気づきました。これは1対1のインタビューのときも、座談会のような複数の方から話を聞くときも区別なく起こります。話を聞く相手もさまざまです。話の得意な人もいますし、無口な方もいます。ですから内容の薄い取材になってしまうのは、取材を受ける対象者の問題だと思っていたのです。しかし、ここ数年、その原因はむしろ聞く側のスキル、さらには体調やメンタルが結果を大きく左右しているのではないかと思うようになりました。
　そして、もっと実のあるインタビューをしたい。そう思って、調べていく中で「モデレーター」という言葉に出合ったのです。
　「モデレーター」とは、直訳すると司会者、議長、仲裁者、調整者という意味ですが、現在では、インタビュー、座談会など取材の場を設定し、そこで相手の話を引き出し

ていく専門職として知られるようになってきました。司会者＋インタビュアーのような役割を果たします。

彼らは「まわし」のプロです。「まわし」とは話の展開という意味で、インタビューや座談会での話をまわしながら、思い通りに司るプロなのです。

よく「話が盛り上がる」という言い方がありますが、インタビューや座談会は盛り上がっただけではいけません。場が盛り上がっても、内容が薄く、本来聞くべき内容が聞き出せていなかったら、その取材は失敗です。話の脱線があったら、しっかり舵をとってきちんと本線に戻さなくてはなりません。それを行うのがモデレーターの役目です。

「たかが質問、誰にでもできる」と思っては、いつまでたってもよい質問はできません。専門職が存在するほどの難しいスキルですが、知っていると資料作成のみならず、商談でも役立ちます。次のページから便利なテクニックを紹介していきます。

●人間3 アンケート、座談会、インタビューのコツ

インタビューのテクニック1 「スケールクエスチョン」
「スケールクエスチョン」はテーマの解説をお願いする専門家取材で用いる手法で、相手が適切な対象者であるのかを見極めるために行います。そのテーマの最新、または最深の情報にかかわることがものさしになります。その質問を投げかけたとき相手がどう答えるか、スケールクエスチョンの回答は事前に別の信頼できるソースで調べ、理解していることが欠かせないことです。ここでも事前に準備ができているかが重要になります。

インタビューのテクニック2 「ウォーミングアップクエスチョン」
次に投げかける質問は相手の思考回路が働きやすいものです。
ドラマのリサーチでは、エピソードを教えてくださいというようなケースが多いの

ですが、そのときに「あなたの恋愛観を聞かせてください」などと漠然とした質問を投げても相手はなんと答えたらいいかわかりません。しかし、それを知りたいなら、具体的な質問を丹念に重ねていくしかありません。

「初恋はいつですか？」「どんな人ですか？」「今までで一番辛かった恋はいつですか？」「なにがきっかけで立ち直りましたか？」「今度恋をするとしたら、相手に何を求めますか？」

その人の恋愛に関する思考回路を人生の初めから順にひも解くきっかけになるような質問を重ねます。このようなウォーミングアップ的な問答をひと通りやってから、インタビューを進めると、非常にスムーズに内容の濃い回答が得られます。

インタビュー時に、気をつけたいのはインタビュアーのほうがしゃべりすぎてしまうことです。黒柳徹子さんならそれもおもしろいのですが、普通の人には禁じ手です。

座談会のテクニック1　異なる意見もまとめるには先読みが必須

出席者が複数なので、多彩なバリエーションの話が聞けます。

このとき気をつけなくてはいけないのは、意見が異なる人がひとつの輪の中にいても、それがプラスに転じるような運びをせねばなりません。

そのためには司会をしているときに常に一手先を読みながら進めることが大切です。

ここで、質問想定力が力を発揮します。こういう意見が出たら、人はどう反応するのかを読みながら、ときに流れを止め、ときには転換のきっかけとなる質問を投げかけ、会をすすめます。

座談会のテクニック2　セッティングで勝て！

技術的なこととは別に非常に心をくだくことがあります。

それはいつ、どこで座談会を行うのかということです。面白いもので人間の心の扉や思考回路といったものはその場の環境や空気に左右されます。昼間の会議室で開いた座談会と夜、レストランの個室で開いた座談会では同じ人が真逆な話をする可能性

だってあります。

テーマと顔ぶれを見て、場所と時間を細やかに設定することも成果を確保する大切な要素です。

アンケートのテクニック

アンケートには街頭で集めるもの、郵送を使うものの他昨今はウェブを使って集めるもの、さまざまな方法があります。

どういった形にしろアンケートの成否は質問設定にかかっています。意図を誤って受け取られるような曖昧な質問、意見を誘導するような決めつけた質問、こういったものを投げかけたのでは回答者の真意はくみとれません。

実施する前にシミュレーションするのが有効です。

私は、一度質問を設定した後に、時間をおいてその質問に自分が答えるという方法を行っています。同僚など身近な人に頼んでもいいでしょう。そうすると思わぬ回答が返ってきたりして、質問のまずさに気づくことができます。

●質問想定力を磨きツッコミに備えよ

資料提出、プレゼンが無事終了すると、その後はたいてい質疑応答に突入します。リアクションはないよりあるほうがいい。質問もたくさんいただけると手応えを感じます。しかし、鋭い質問にたじたじとなることもあります。リサーチの過程で網羅と分類がしっかりできていれば、たいていの質問にはしっかり答えることができるでしょう。しかし準備しておくに越したことはありません。

「どんな質問が飛んでくるだろうか」

質問想定力を磨く方法は想像力を駆使することです。人はこういった情報を与えられると、こんな疑問を抱く。そのシミュレーションを、どれだけ多くのケースを、イメージできるかということに尽きます。今作っている資料だけではなく、日常のさまざまな場面で自分に問う、場合によっては周囲の人の声に耳を傾けてみることで問答シミュレーションのバリエーションを増やしておきます。

資料が完成したら、そこでホッとせずに、その資料を受け取ったクライアントの身

になって再度読んでみます。自分でも分かる資料の弱い部分、紙の上では伝えにくい感覚的なこと、さらっと流してしまった定義の部分、枚数が多くなってしまったためにやむなくカットした部分……自分だったらここを質問するなということをピックアップして、その回答を事前に用意します。場合によっては回答を用意するだけでなく、補足資料を揃えておいたほうがいいものもあるかもしれません。そのときは用意しましょう。もしかしたらその補足資料は使用する機会がないままかもしれません。しかし、その準備が万端だといつも自信を持って堂々としていられます。

一方、質疑応答で一番やってはいけないのは、前述しましたが、相手の質問に端的に答えずに自分の言いたいことを長々と語ってしまうことです。質問にもよりますが、限られた時間内に多くの質問に対応できるよう回答は簡潔にまとめるほうがいいでしょう。それも準備があればダラダラとしゃべらずに済みます。

●面白いレポートには明確な5W1Hがある

　情報に強い人、会話が面白い人は固有名詞に強いことは前述しました。では、せっかくたっぷりインプットした固有名詞をどう使うか。どうすれば上手に活用できるか。それは資料に落とし込みたい内容を5W1Hに分解することから始めます。

　5W1Hとは、「いつ(When)、どこで(Where)、だれが(Who)、なにを(What)、なぜ(Why)、どのように(How)」という情報をきちんと伝えるために欠かせない要素のことです。

　もともとは新聞記事を書く際の原則なのですが、ビジネス文書を作成するときにも応用可能で意識している人も多いでしょう。

　資料を作ろうとして今、頭のなかでイメージしている文章には、この5W1Hがもれなく存在しているか、分解して確認してみましょう。

　試しに次の文章を分解してみましょう。

【例】

「2012年頃から、新幹線姫路駅が外国人観光客の人気スポットに。時速300kmで通過する新幹線を目の当たりにして大興奮」

【分解】

いつ（When）…2012年頃から
どこで（Where）…姫路駅
だれが（Who）…外国人観光客
なにを（What）…新幹線
なぜ（Why）…?
どのように（How）…目の当たりにして大興奮

情報がいっぱい詰め込まれているように見えて、実はこの報告には「なぜ（Why）」がありません。

5W1Hで分解すると、あなたの文章、資料の不足分が判明します。この例の場合、なぜ姫路駅なのか、なぜ外国人に有名になったのか＝2つのなぜ（Why）を、追加リサーチして補足してみましょう。

「2012年頃から、新幹線姫路駅が外国人観光客の人気スポットに。YouTubeにアップされた映像を見て訪れた外国人は時速300kmで通過する新幹線を目の当たりにして大興奮。姫路駅はのぞみ通過の際の最速スポット」

すると「YouTubeの影響力はすごいな」とか「姫路は最速スポットなのか」など、さらにこの現象に対して読む人の興味を引くでしょう。

5W1Hにこだわると、資料は俄然リアリティを帯び相手の心に鮮やかなイメージを描くことができます。この基本はテレビ業界だけのものではないはずです。資料のみならず、トークでもぜひ応用してみてください。

おわりに

資料作り、面倒くさいですよね。

テレビ番組リサーチャーである私は、調べ物が大好きで、情報を集める行為が好きで、なんだったら溺れるんじゃないかというくらいの情報が目の前にあることが大好きです。その情報の海からどれが必要なものなのか、どれが有効なものなのか、その取捨選択をすることも大好きな過程。また、集め整理した情報を誰かに伝えることも大好きです。しかし、その調べることと伝えること、2つの間に大きく立ちはだかる壁があります。

それが、資料作りです。

じつは資料作りは私にとっても一番しんどくて、気の進まない作業なのです。PC

の真っ白な画面に向かって最初の一文字を入力するまでがなんとも億劫で、着手するまでかなりの時間や覚悟が必要になります。

この本を手にとっていただいたということは、あなたもそんな風に毎回資料に向き合っていたりするのではないでしょうか。

とはいえ、資料は欠かせない商売道具。うまく作ることができれば強力な武器ともなります。資料があることで自分の思いをより魅力的に伝えられるのです。

だからこそ、これまで私自身、必要に駆られて、たくさんの試行錯誤と悪戦苦闘を繰り返してきました。どうやって面倒を面倒でなくするか。そして、どうやって最良の結果を得る「勝つ資料」に磨き上げるのか。

その長年の成果を資料作りで苦労されている多くの方へ伝えられたらと思い、本書には資料作りの鉄則、戦略、テクニックをふんだんに盛り込みました。

これらのノウハウは、後輩たちやプロジェクトメンバーが増え、他の人の資料を預

かって手を入れる機会が増すとともに、格段にバリエーションが増えました。自分の資料を見て、うんうん唸っていたのが、他の人の資料を見ると、「見にくさ」や「あともう少しでズッとよくなるのに……」「キャッチ弱いな……」といったポイントが見えてくるようになったのです。

資料作りが苦手なあなた、この本をマスターした後で自分以外の資料を、とにかくたくさん見てみましょう。きっと足りないモノ、資料のツボが見えてきます。

これが私から最後に贈る「スピーディー」テクニックです！

私が培ってきた考え、方法が今資料作りに苦労しているあなたの悩みに応えるもの、役立つものであったらうれしいです。そこからさらにあなた自身の資料作りを鍛え上げ、勝つ資料をバンバン量産していただければなによりです。

最後に、本書執筆のきっかけを作って下さった石田章洋さん、わかりやすく〝伝わ

"本づくりにこだわって、内容構成のサジェスチョンを下さった、マイナビ編集者小山太一さん、出版プロデューサーの柳舘由香さん、日々、真摯に資料の質向上と向き合い頑張ってくれている(株)ズノー調査部スタッフの面々に、感謝を捧げます。ありがとうございました。

2015年3月吉日　喜多あおい

●巻末資料1
P40 「第9条　固有名詞と数字で勝負せよ！」

> 総務省統計局　統計トピックス
> http://www.stat.go.jp/data/topics/

統計局が実施している統計調査の結果から、下記の例のような興味を引きそうなトピックスを紹介しているページ。定期的に調査をしている統計も有用性がある。特に「家計調査」はおすすめ！

No.	タイトル	掲載日
86	統計からみた我が国の住宅（「平成25年住宅・土地統計調査（確報集計）」の結果から）	平成27年2月26日
85	「未年生まれ」と「新成人」の人口 — 平成27年 新年にちなんで —	平成26年12月31日
84	統計からみた我が国の高齢者（65歳以上） —「敬老の日」にちなんで —	平成26年9月14日
83	経済センサスと統計地図（大都市圏の売上高）	平成26年6月20日
82	我が国のこどもの数 —「こどもの日」にちなんで —	平成26年5月4日
81	統計でみるサービス産業の回復基調 — サービス産業動向調査の結果から —	平成26年4月21日
80	我が国の科学技術を支える女性研究者 — 科学技術週間（4/14 ～ 4/20）にちなんで —	平成26年4月14日

【定期調査タイトル】
国勢調査、人口推計、住民基本台帳人口移動報告、住宅・土地統計調査、家計調査、家計消費状況調査、全国消費実態調査、労働力調査、就業構造基本調査、社会生活基本調査、科学技術研究調査、経済センサス - 基礎調査、経済センサス - 活動調査、事業所・企業統計調査、サービス産業動向調査、地域メッシュ統計

● 巻末資料2
P168 「基本ソース4　インターネット」

(商用データベース　リスト)

有料で提供されている「商用データベース」を利用することで、玉石混淆のインターネット情報の危うさを回避しつつ、手軽な「検索」のうまみを存分に味わえる。ただし、料金の仕組みをよく理解して使わないと、思わぬ高額経費に。法人で会員になるのが安心だが、個人会員向けに、リーズナブルな料金設定をしてくれているモノもある。以下は、資料作成の現場で活躍しそうな商用データベースの例。

データベース名	提供データ内容
JapanKnowledge（ジャパンナレッジ）	小学館『日本大百科全書』、小学館『日本国語大辞典』、吉川弘文館『国史大辞典』、平凡社『日本歴史地名大系』、など約50種類の辞典＆事典
日経テレコン21	新聞記事・専門誌・企業情報・人物情報等
Nexis（英語）	世界各国の新聞・雑誌・放送原稿等
CiNiiArticles	学術論文情報等
Magazineplus	日本の雑誌記事・論文等
Lexis AS ONE	判例・法律・立法情報・行政情報等
医中誌Web	国内の医学関係の論文・最新の研究動向等
理科年表プレミアム	創刊から最新年度版まで全ての『理科年表』
ルーラル電子図書館	食と農の各種文献等

●著者プロフィール

喜多あおい （きた・あおい）

テレビ番組リサーチャー。株式会社ズノー執行役員。情報バラエティーからドラマまで、番組の企画・制作に必要なリサーチを中心に、企業・官公庁など広い分野でも活躍中。メディアリテラシーや情報術の演出で、社会人や学生向けの講演も。「放送ウーマン賞2014」受賞。手がけた番組は「行列のできる法律相談所」「ジョブチューン」「ハケンの品格」他多数。著書に『プロフェッショナルの情報術 なぜ、ネットだけではダメなのか?』(祥伝社)がある。

● 編集協力　柳舘由香
● 図版作成協力　富 宗治／平井 源

【マイナビ新書】

勝てる「資料」をスピーディーに作る
たった1つの原則

2015年3月31日 初版第1刷発行

著 者　喜多あおい
発行者　中川信行
発行所　株式会社マイナビ
〒100-0003 東京都千代田区一ツ橋1-1-1 パレスサイドビル
TEL 048-485-2383（注文専用ダイヤル）
TEL 03-6267-4477（販売部）
TEL 03-6267-4483（編集部）
E-Mail pc-books@mynavi.jp（質問用）
URL http://book.mynavi.jp/

装幀　アピア・ツウ
印刷・製本　図書印刷株式会社

●定価はカバーに記載してあります。●乱丁・落丁についてのお問い合わせは、注文専用ダイヤル（048-485-2383）、電子メール（sas@mynavi.jp）までお願いいたします。●本書は、著作権法上の保護を受けています。本書の一部あるいは全部について、著者、発行者の承認を受けずに無断で複写、複製することは禁じられています。●本書の内容についての電話によるお問い合わせには一切応じられません。ご質問等がございましたら上記質問用メールアドレスに送信くださいますようお願いいたします。●本書によって生じたいかなる損害についても、著者ならびに株式会社マイナビは責任を負いません。

©2015 KITA AOI ISBN978-4-8399-5270-9
Printed in Japan

マイナビBOOKS Information

仕事がはかどる＆成果があがる
マイナビのビジネスデータ販売サイト

Mynavi Data Online Store
MyDO! 仕事のテンプレ屋

https://book.mynavi.jp/biz/

テンプレート & 素材例

- 会議議事録
- 送付状
- 座席表
- イベント告知
- アンケート用紙
- プレゼンテーション

etc

ファイル形式
Word (.docx)、Excel (.xlsx)
PowerPoint (.pptx)、PDF
JPEG など

1 書類がダサい… プレゼンが不安…
　　困ったときに頼りになる！

2 デザイナーや専門家が作成した
　　高品質のデータを入手できる！

無料素材でお試し利用も可能！ **3**